Tax Litigation Lecture

はじめて学ぶ人でも
深くわかる

武器になる「税務訴訟」講座

木山泰嗣
Hirotsugu Kiyama

はじめに

国税当局との間で「見解の相違」が生じてしまう。当局の見解によれば追徴で課税がされ、納税者にとっては、大きな額の追加納付が必要になるようだ――。

そんな報道をみる機会があるかもしれません。こうした事態が起きたとき、納税者の選択できる方法は2つです。

1つは、見解は違うけれど、しぶしぶ国税当局のいうことにしたがって、納税をする。

もう1つは、見解が異なるようなので、それでは「**どちらが正しいのか、白黒つけよう。よし、裁判所に判断してもらおう**」と、あえてアクションを起こす。

前者の選択は、「泣き寝入り」という表現が適切なのかはわかりませんが、「納得はしていない」けど、「税務署がいうのであれば、仕方がない」というあきらめでしょう。

これに対して後者の選択は、「法治国家《ほうち》」である日本において、税務署の見解だからといっても、「法律」の正しい解釈と適用になっているかはわからないことを前提に、自ら「訴訟」を起こし、司法の判断を仰ぐもの。とても積極的な行動といえます。

本書は、後者の「積極的な行動」として納税者が選択した場合に起きる「**税務訴訟のすべて**」を、余すことなく記したものです。

税務訴訟そのものが、裁判（訴訟）のなかでも専門性が高いので、どうしても専門用語を使わざるを得ない部分もあります。しかし、本書は一般の方向けのビジネス書。法学書にくりかえし登場する「条文」は、その条文番号なども省いて、わかりやすく説明します。

この点から、本書では、次のような構成を採用しました。

「国と戦っても、そもそも勝てないのでは？」という疑問もあるでしょう。そこで、最初に、国税当局に納税者が（なんと！）勝訴した実例を、ケースとして挙げます（序章）。現象としての税務訴訟の実態をみるだけでは、税務訴訟の本質に迫ることはできません。どのような場合に、わたしたちは「納税の義務」を負うのでしょうか？　その理論についても、できる限り明確になるよう、次にこれを説明します（第1章）。あとは流れで、読めるはずです。きっと講義を聴くような気分で、本書は通読できます。

とはいえ、その対象は、多くの読者に「明快で簡単！」というものではないかもしれません。特に、「序章」と「第1章」にボリュームが、それなりにあります。

最初はざっと読み、あとからもう一度、さらにもう一度と、何度かじっくりと読んでいただくことを推奨します。すべての章が相互にリンクしていることが、少しずつわかってくるのではないかと思います。

実践的なノウハウや、税務訴訟の実際についてのコラムなどもあり、一般書では、「まさに、この1冊」といえるような「**税務訴訟のビジネス書**」。それが、本書です。

納税の義務は、読者の方すべてに発生し得るものです。実際に争うかどうかは別として、「税務訴訟の世界」を、ぜひ垣間見《かいまみ》てください。それでは、始めましょう。

2023年5月

木山《きやま》　泰嗣《ひろつぐ》

目次

はじめて学ぶ人でも深くわかる
武器になる「税務訴訟」講座

第1章

納税の義務に対する誤解

第2章

国税と争う税務訴訟の現実

第3章

税務訴訟の争い方、勝ち方を知る

第4章

争う場合の留意点とは？

第5章

税務訴訟の社会的意義

終章

税務訴訟のヒント

序章

税務訴訟で勝訴した人たち

国税を相手に裁判を起こして争う。それが「税務訴訟」だ。
「国」を相手に戦う。そんな行政訴訟で、納税者は「勝訴」できるのだろうか？
もちろん、答えは「イエス」だ。

1 最高裁まで争って勝てなかった令和4年判決
——節税マンション事件

相続税は「時価」で評価される

税務訴訟で最高裁判決が下され、話題を呼んだあたらしいものに、「**節税マンション事件**」があります。２０２２年（令和４年）４月に言渡しがあり、ニュースでも報道されました（最高裁令和４年４月19日第三小法廷判決・民集76巻４号４１１頁）。

相続税とは、遺産を相続した相続人に課されるものですが、被《ひ》相続人の死亡によって開始した相続時における「時価」で評価される仕組みになっています。時価が明確な遺産については問題ありませんが、土地・建物といった不動産や、公開市場のない非上場会社の株式などのように、相続された遺産の時価を評価することが容易でないものもあります。

相続税法では、遺産としての相続財産は、原則として「時価」で評価すると定めるにとどまります。

しかし、土地・建物、取引相場のない株式には、時価評価の計算方法もさまざまあることから、全国の税務署で画一的な評価が行えるよう、課税庁（課税権を行使する省庁の総称）が一種の「**行政解釈**」として、これらの財産の評価方法を定めています。

具体的には、国税庁長官が「**財産評価基本通達**」（**評価通達**）という通達を定めており、全国の各税務署では、基本的にこの評価通達によって相続財産の時価を評価します。

相続税が確定する仕組みと税務調査

相続税の税額は、相続人である納税者自身が、法律の定める期限内に「**相続税の確定申告**」をすることで確定される方式になっています（**申告納税制度**）。しかし、正しい申告がされるとは限らないため、所轄の税務署による「**税務調査**」がなされる場合があります。

税務調査の際に、財産評価の根拠となるのが「**評価通達**」なのです。

申告納税制度の仕組み

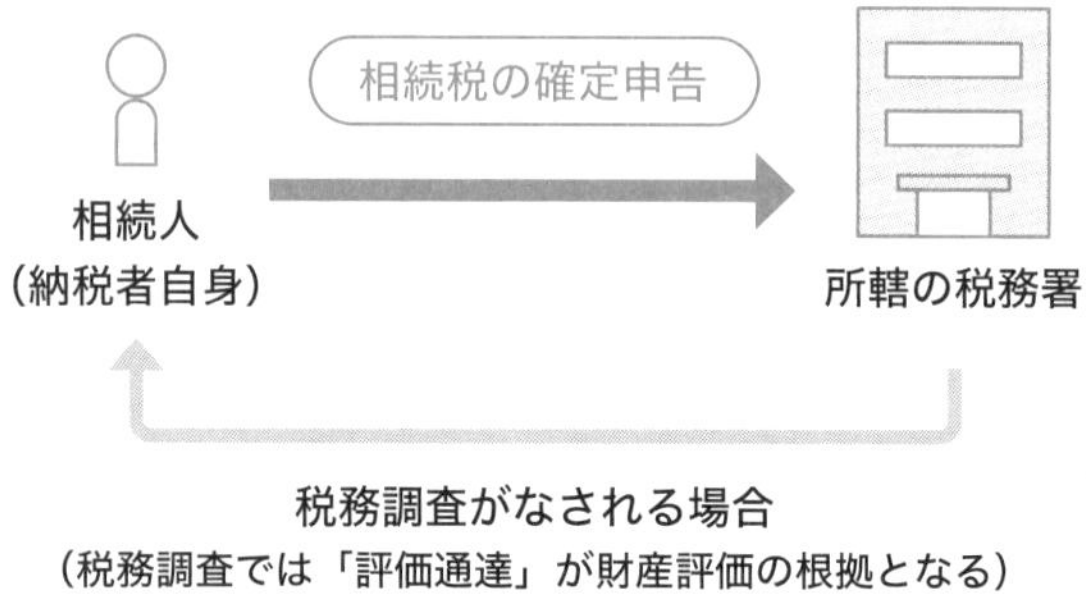

このような課税実務の現状があるため、納税者（特に税務の専門家として納税者の確定申告をサポートする税理士）は、この「評価通達」によって計算される「時価」で、相続税の確定申告書を作成・提出し、相続税の税額を確定させるのが通常です。

ただし、評価通達の**不動産の評価額は、実際の取引でなされる実勢価格より2〜3割低め**になるような計算式になっています。これを逆手にとって、資産家に対して税理士などの専門家が、相続税額を圧縮するための「**節税スキーム**」を考案・実施する例があります。

そこで**評価通達は、形式的に計算される時価で相続財産を評価することが、「著しく不適当」といえる場合には、他の計算方法で時価評価するこ**

とも認めています（総則6項）。

節税マンション事件の概要

2022年の「節税マンション事件」では、こうした節税スキームに対して課税庁が、**通常、根拠とする評価通達の計算方法を採用することは「著しく不適当」**であると考え、別に行った**不動産鑑定の評価額（鑑定評価額）で「時価」を算定した課税処分を行いました。これに対して納税者が「違法である」と主張し、国に課税処分の取消しを求める訴訟を提起したもの**でした。

残念ながら、納税者の主張は裁判所に認めてもらえることはなく、第1審で請求棄却《ききゃく》、控訴《こうそ》審でも控訴棄却、上告《じょうこく》審でも上告棄却となり、納税者の敗訴が確定しました。

節税スキームを行った理由

この節税スキームは、相続開始の3年ほどまえ（つまり、被相続人の生前）に、自身が亡くなったあとに遺産相続が起きると、多額の相続税負担が相続人に生じることが予想されたため、２つの不動産（マンション）を購入したものでした。

金銭として被相続人がもっているよりも、評価額が低めに計算される不動産に替えておくことを選んだものですが、その購入代金については金融機関から借入れを行いました。被相続人に借入金《かりいれきん》（負債《ふさい》）があると、相続財産を評価する際に「**債務控除**《さいむこうじょ》」がされるため、この部分も利用した節税スキームだったのです。

裁判で認定された事実によれば、**こうしたスキームをしなければ６億円の負担が生じたはずの相続税が、０円になりました。**

最高裁の判断は？

最高裁は、相続財産の評価は「時価」でなされると相続税法に定められている以上、法律ではなく「通達」に過ぎない評価通達による評価額と異なる財産評価を行った課税処分に、**相続税法違反の問題は生じない**としました。

他方で、税務行政では一般に評価通達による財産評価が行われています。そこで、この点については、**納税者に対して同じ取扱いをすべき要請（平等原則）の問題は生じる**としました。ただし、「**合理的な理由**」があれば、評価通達どおりでない財産評価を行っても平等原則違反にならないとします。

本件では、さきほど述べたように、6億円もの相続税負担を回避するために被相続人と相続人が意図的に「節税スキーム」を実施した点をとらえ、課税庁が評価通達によらない財産評価をしたことには「合理的な理由」があるとし、平等原則違反もないとしました。

節税は、脱税と異なり、違法ではありません。得た財産を隠したり、実際には存在しない契約を仮装したりして、法律上許容されていない「不正な手段」を用いる「脱税」にあたるような事情は、本件にはありませんでした。

実際、こうした相続税の負担を軽減する「節税スキーム」は、専門家から資産家に提案されることも多く、こうした不動産購入によって、マンション価格が高騰《こうとう》する要因にもなっているという指摘もあるところでした。

課税は法律に基づき行われる

納税者は、評価通達どおりに計算したマンションの財産評価を前提に相続税申告を行っていました。課税庁は、普段は使用する「評価通達」を本件では使うことなく、「鑑定評価」

法律と評価通達の違い

法律（相続税法）	評価通達
国会で審議・可決されたルール	国税庁長官の行政解釈
▼	▼
国民を拘束する	税務署職員を拘束する

課税は「法律」に基づき行われる（租税法律主義）

で財産評価を行い、課税処分を行っていました。

通常は行っているはずの評価通達による財産評価を、「本件のような巨額の節税スキームを行った納税者に対してのみ行わない」とすることについては、学説や実務家から批判が寄せられていました。

しかし、**課税は「法律」に基づき行われます**（**租《そ》税《ぜい》法律主義**）。これは、主権者である国民の代表機関である「国会」で審議・可決されたルールを重視するものです。評価通達は、あくまで国税庁長官の行政解釈であって法律とは異なるものでしたが、税務行政では税務署職員内部のルールになっています。

こうして、国民に拘束力をもつ「相続税法（法律）」と、税務署職員を拘束する「評価通達」によって生じた「ダブルスタンダード」の問題について、**最高裁は、憲法が定める「租税法律主義」を重視する判断をした**のです。

TAX LAW

2 逆転につぐ逆転により最高裁で勝訴した例

――年金二重課税事件

「節税マンション事件」の最高裁令和４年判決は、話題を呼んだものの、納税者敗訴で終わりました。

次に紹介するのは、２０１０年（平成22年）に、最高裁で納税者勝訴の判決が下され、確定した「**年金二重課税事件**」です（最高裁平成22年７月６日第三小法廷判決・民集64巻５号１２７７頁）。

保険金には何が課税されるのか？

万一のことに備えるのが保険です。**生命保険は、被保険者が亡くなった場合、契約で指**

遺族が受け取る年金払特約付き生命保険への課税

「生命保険金」の部分	「約200万円の年金」の部分
▼	▼
相続税 が課される	所得税 が課される

定した受取人に保険金が支払われる仕組みです。

これに加え、**「年金」の特約もついた保険**がありました。被保険者の死亡時に、受取人に生命保険金が支払われるにとどまらず、**毎年約２００万円の年金の支払を、10年にわたって受けることができるもの**でした。

こうした「年金払特約付き生命保険契約」に基づき、遺族が受け取った**「生命保険金」には相続税が課されます。**相続税とは別に、遺族が**「年金」として約２００万円を受け取った部分には、個人が得た所得として所得税が課されます。**これが、課税実務の扱いでした。そのように課税庁が所得税法を解釈し、運用してきたのです。

年金二重課税事件で争われた内容

これに疑問を提起したのが、「年金二重課税事件」の原《げん》告《こく》でした。何が、問題とされたのでしょうか。

相続によって遺産を取得した個人には、「相続税」が課されます。しかし、個人が得た所得には、「所得税」が課されることが所得税法に定められています。相続税法の定める「相続税」の対象は、相続人が取得した遺産です。

そうすると、**遺産も個人が得た所得ですから、本来は「所得税」が課されるべき**なのです。しかし、「富の移転を再分配する」という別の要請から、所得税よりも税率の高い相続税が、「所得税法」とは別の法律である「相続税法」で定められています。

この点から、所得税法が何も定めを設けないと、遺産である相続財産を取得した人には、「**相続税が課され、さらに所得税も課される**」という事態が生じてしまいます。

しかし、1つの所得に二重に別の税金が課されないよう、**相続で得た財産には所得税を課さないことを定めた規定が、「所得税法」にあります**（**二重課税排除規定**）。

年金二重課税事件では、「年金特約付き生命保険契約」に基づき、遺族（受取人）が受け取った約200万円が、まさに「二重課税排除規定」の対象になり、「**非課税になるのではないか**」が争われました。

課税庁の見解は？

課税庁は、相続によって遺族が取得した「年金受給権」（毎年約２００万円を受けることができる権利）と、この権利に基づき所得する「年金」そのものは別のものであるから、**年金に所得税を課しても「二重課税」にはならない**（二重課税排除規定の適用はない）という見解を採用してきました。

年金受給権には相続税が課されますが、所得税は課されない（二重課税排除規定の適用がある）ので、二重課税の排除はすでにそこでなされているという主張です。

年金二重課税事件の判決内容

これまで、誰も疑問を投げかける人がいなかったなかで、１人の納税者がこの裁判を起こします。そして、**第１審で請求が認容され勝訴しました**（長崎地裁平成18年11月７日判決・訟月54巻９号２１１０頁）。

しかし、控訴《こうそ》審（第２審）では逆転して、国の控訴が認められます。第１審の判決が取り消され、請求棄却《ききゃく》となり、**納税者が敗訴しました**（福岡高裁平成19年10月25日判決・訟月54巻9号2090頁）。これに上告《じょうこく》をした**納税者の主張が認められ、勝訴したのが「最高裁平成22年判決」**でした。

所得税法が定める二重課税排除規定が、「年金特約付き生命保険契約」に基づく年金にも適用されるかという、**法の解釈（法解釈）と適用が争われた**のが本件です。

「節税マンション事件」と異なり、納税者が最高裁で勝訴できたのは、所得税法に定められている「二重課税排除規定」の解釈適用の問題だったからといえます。

最高裁判決が下されたあとの国の動き

「年金二重課税事件」は、二重課税であることを最高裁が認め、数十年にわたり行われてきた課税実務が否定されました。裁判を起こしたのは1人の納税者に過ぎませんでしたが、過去にも同じように課税されてきた納税者が多数いました。

この点について、国が動きます。こうした例では、**過去5年分**に限り、所定の手続をとった納税者に納めすぎた税金が還付《かんぷ》されるのが通常です。

しかしこの事件では、この事件のためだけに法改正がされる「異例の措置」が講じられました。**過去10年分**については、同じように年金部分に所得税が課されていた納税者に、納めすぎていた税金が還付されたのです。

新聞報道によれば、**１６０億円を超える還付があった**といわれています。１人の個人の納税者が、従来の課税実務に疑問を投げかける裁判を起こし、大きなインパクトを与える結果が生じました。

裁判を起こした納税者に還付された税金は、裁判の**認定事実**（裁判所が判決文で認定した事実）によれば、数万円に過ぎないものでした。

課税庁の行政解釈が、正しいとは限りません。**法律に基づく課税がなされるべき租税法律主義の下《もと》では、裁判所は「法律」に基づき判断をします。**

他方で、第２審（控訴審）では、「二重課税にはあたらない」という課税庁の主張を認める判断がされていました。裁判所の判断も分かれるような、むずかしい「法解釈」の問題だったのです。

税務訴訟とは何かに迫る本書は、**どのような事件で納税者の主張が認められやすいのかを明らかにすることも目的**にしていします。これからみるさまざまな裁判の結果と、争われた内容について、どのような共通項と違いがあるのかを比較しながら、読んでいただければと思います。

TAX LAW

3

地裁から最高裁まで ストレートに勝訴し続けた例
——ユニバーサルミュージック事件

課税庁との間で「見解の相違」が生じた事件

２０２２年（令和４年）４月には、２つの最高裁判決がありました。いずれも、本書が対象にする税務訴訟の判決です。その１つが、すでに紹介をした「節税マンション事件」でした。もう１つが、「**ユニバーサルミュージック事件**」です。

この事件では、世界的な音楽産業のグループ会社として日本に設立された会社（日本法人）が行った**法人税の確定申告**について、課税庁との間で「**見解の相違**」が生じました。

見解の相違とは、これまでみてきた税務訴訟でも起きていたことですが、**税法の解釈・**

適用をめぐり、納税者の考えと課税庁の考えに衝突が生じる場合を指します。

この事件では、外国のグループ会社から８００億円を超える借入れをした日本法人が、その支払利息を「**損金**《そんきん》」（**所得を計算する際に控除される経費**）に算入していましたが、「不当な租税回避にあたる」と課税庁は考え、特別な規定を適用する課税処分をしました。

特別な規定とは、一般に租税回避を行いやすい**同族会社による行為や計算については、税務署長が「不当」であると判断した場合、その行為や計算を否定できるもの**です。これを「**同族会社の行為計算否認規定**」（**否認規定**）といいます。

課税庁はこの否認規定を適用し、日本法人が支払った１７０億円を超える利息を損金に算入することを認めない課税処分を行いましたが、そのためには、借入れが「不当」であるといえることが必要でした。

「不当性要件」の意味と裁判所の判決内容

「不当」をもう少し詳細に説明すると、法人税法では「法人税の負担を不当に減少させる結果……があるとき」と規定されています。これを「**不当性要件**」と呼びます。

借入れをすることも利息を支払うことも、何ら違法な行為ではありません。通常は、支払利息は経費にあたるものですから、**「損金」算入を法人がすることも認められています。**

それにもかかわらず、本件の日本法人の支払った利息の損金算入を否認するためには、この不当性要件を満たすことが論証される必要がありました。

裁判では、第1審で請求が認容され、納税者が勝訴します（東京地裁令和元年6月27日判決・判時2500号30頁）。国の控訴は認められず、控訴審でも納税者が勝訴しました（東京高裁令和2年6月24日判決・判時2500号8頁）。

さらに、国の上告も認められず、最高裁でも納税者が勝訴して確定したのが、「ユニバーサルミュージック事件」です（最高裁令和4年4月21日第一小法廷判決・民集76巻4号480頁）。

税務訴訟における勝訴の傾向は？

「年金二重課税事件」が、わずか数万円の所得税の還付が生じるに過ぎないものだったのに対し、「ユニバーサルミュージック事件」では、50億円を超える法人税の追徴《ついちょう》がなされていました。したがって、最高裁で勝訴したことで、日本法人に還付された法人税の額は50億円を超えます。

これら2つの事件の比較からわかることは、税務訴訟での勝訴は、**税額が僅少《きんしょう》であるか巨額であるかにかかわらない**ということです。

実際に過去の最高裁判決をみると、法人税では、3000億円を超える還付が生じた「**興銀《こうぎん》事件**」（最高裁平成16年12月24日第二小法廷判決・民集58巻9号2637頁）もあります。贈与税では、1000億円を超える還付が生じた「**武富士事件**」（最高裁平成23年2月18日第二小法廷判決・判タ1345号115頁）などもあります。

「税額が高いほど、裁判所が納税者を勝訴させ、国を敗訴させることをためらうのではないか」と思われるかもしれません。しかし、「そうではない」ということです。

また、同じ2022年（令和4年）の4月に下された「節税マンション事件」では、納税者の節税スキームが否定され、国が勝訴したことを考えると、節税や租税回避のような事例では、納税者が勝ちにくいのかというと、「そうでもない」のです。

租税回避の事例である「武富士事件」の概要を説明します。当時の相続税法の定める贈与税の要件は、**国外財産の贈与の場合、「贈与を受ける者の住所が日本にあること」**とされていました。

この点を逆手にとって、国外（香港）に住所を移してから、1000億円を超える評価額をもっていた出資持分《もちぶん》（ペーパーカンパニーが設立しやすいオランダに設立した外国法人で、資産の8割が武富士の株式でした）を贈与したという租税回避の事例でも、納税者が最高裁で勝訴しています。

税務訴訟では、最高裁は「租税法律主義」を徹底する

ユニバーサルミュージック事件は、そもそも課税庁が「不当性要件」を満たす借入行為であるとして、日本法人の借入行為を否認したものです。

しかし、国際的なグループ企業において行われたこの借入行為には、企業グループとしての資本面や財務面等についての合理的な企業目的があり、それに従い実行されたものに過ぎないことが裁判では認定されました。

最高裁は、日本法人だけをみれば法人税の負担が減少する側面をもち、その点も1つ考

慮されていたことは認めました。しかし、全体としてグループ企業が行った８００億円を超える借入行為について、法人税法の観点から「不当」であるとは認めませんでした。

ここでいえることは、**税務訴訟では、最高裁は「租税法律主義」を徹底する**ということです。当事者が意図して行った租税回避であっても、これを否認する法律の根拠規定がなければ、否認を認めない考えが「武富士事件」で明確にされました。

その後の法改正によって、国外財産であっても、過去10年以内に日本に住所を有していた者に対して行われた贈与には、贈与税を課すことができるようになりました。こうした対応は、「法改正で行うべきである」と最高裁は考えたのです。

「ユニバーサルミュージック事件」の場合は、法人税法に定められた「同族会社の行為計算否認規定」という、明文《めいぶん》の否認規定がありました。しかし、条文に定められた「不当性要件」を満たす場合でなければ、それでも否認はできません。

この点を最高裁令和４年判決では、日本法人の借入行為だけから判断するのではなく、国際的なグループ企業全体の目的から判断し、「不当」ではないとしたのです。そして、不当性要件を満たさないので、課税処分は法人税法上の根拠を欠くもので、違法と判断されました。

TAX LAW

4

下級審の敗訴から、逆転して最高裁で勝訴した例
――競馬札幌事件

税務訴訟では、最高裁と下級審の判断が違うことがある

三審制（第1審→第2審［控訴審］→第3審［上告審］）のもと、とんとん拍子にすべての審級《しんきゅう》（各裁判所）で納税者が勝訴した事件が、「ユニバーサルミュージック事件」（最高裁令和4年判決）でした。

しかし、どの裁判所でも納税者の請求が認容される例というのは、そう多いわけではありません。**最終的には最高裁で納税者が勝訴したものでも、下級審（最高裁より下の高等裁判所や地方裁判所などの審判）では判断が異なっていたことが、比較的多いのが税務訴**

訟の現状です。

「年金二重課税事件」も「武富士事件」も、第1審で勝訴していた納税者が、控訴審では逆転して敗訴し、最高裁で再逆転となり勝訴したものでした。

これらと異なり、敗訴からスタートし、最終的に勝訴したものもあります。

2017年（平成29年）に最高裁判決が下された「**競馬札幌事件**」は、第1審では納税者の請求が棄却されました（東京地裁平成27年5月14日判決・判時2319号14頁）。ところが控訴審では逆転し、納税者の請求が認められました（東京高裁平成28年4月21日判決・判時2319号10頁）。

国は上告をしましたが、最高裁はこれを認めず、納税者の勝訴が確定しました（最高裁平成29年12月15日第二小法廷判決・民集71巻10号2235頁）。

各事件の判決の流れ

〈年金二重課税事件・武富士事件〉

（第1審）勝訴 → （控訴審）敗訴 → （上告審）勝訴

〈競馬札幌事件〉

（第1審）敗訴 → （控訴審）勝訴 → （上告審）勝訴

競馬で得た所得の扱いは？

競馬の払戻金《はらいもどしきん》で得た所得も、個人が得た所得なので「**所得税**」が課されます。

通常は「**一時所得**《いちじ》」といって、年間の所得を計算する際に「50万円」の控除（特別控除額）があるため、これを超える利益がない限り、課税は生じません。

また、超える場合でも**2分の1しか課税所得にならない**ため、半分しか課税されないのが「一時所得」の特色です。

競馬札幌事件の前に起きた競馬大阪事件

近年のデジタル化によりインターネットで購入できるのが競馬ですが、上手な仕組みを考案した会社員がいました。平日は会社で働きながら、自宅のパソコンを通じて払戻金を得やすい設定で自動購入ソフトを利用し、多額の競馬所得を得ていたのです。

ところが、所得税の確定申告をしていませんでした。そのため、この事例は検察官に起訴されて刑事事件となり、その訴訟は最高裁まで行きました（**競馬大阪事件**。最高裁平成

27年3月10日第三小法廷判決・刑集69巻2号434頁）。

この「競馬大阪事件」では、正当な理由なく申告をしていなかった納税者に、所得税法違反として「有罪判決」が下されます。もっとも、極めて軽い「わずか2か月の懲役《ちょうえき》刑」で、執行猶予《ゆうよ》もつきました。

刑事事件として起訴されたものの、この**「競馬大阪事件」の実質は、納税者の勝訴といえるものでした**。なぜならば、**「外れ馬券の購入代金は、所得計算で控除できない」という検察官の主張は退《しりぞ》けられたからです**。

被告人である納税者は、「外れ馬券の購入代金も所得計算で控除できる」と主張していました。これは、競馬の馬券の払戻金が、「**一時所得**」ではなく「**雑所得**」であることが前提になるものでした。後述しますが、雑所得の所得計算では「必要経費」の控除が認められるため、外れ馬券の購入代金も必要経費として控除できるのです。

検察官は、競馬の馬券の払戻金は「一時所得」になるという通達の規定を根拠に、競馬所得は「一時所得」にあたると主張していました。

一時所得にあたれば、所得税法の規定上、収入を得るために「直接要した金額」しか所得計算では控除できません。外れ馬券の購入代金は、当たり馬券による払戻金という「収入」に「直接」結びつかないため、「所得計算で控除はできない」と検察官は主張していました。

判決では雑所得にあたるとされた

しかし、「競馬大阪事件」の第1審（大阪地裁平成25年5月23日判決・刑集69巻2号470頁）も、控訴審（大阪高裁平成26年5月9日判決・判タ1411号245頁）も、こうした検察官の主張を認めませんでした。

理由はそれぞれの裁判所で少し異なる部分もありましたが、**所得税基本通達（通達）の定めは「法律」ではなく、国民も裁判所も拘束されない**という判断が、前提としてなされました。これは、「節税マンション事件」と似ています。

そのうえで、「一時所得」に該当するために定められた所得税法の条文が定める「要件」を明確にし、購入回数も利益の額も、通常の競馬愛好家とまったく異なる状況であることの事例では、その要件を満たさないため、**「雑所得」にあたる**とされたのです。

雑所得は、全部で10種類ある所得税法の定める所得の種類（所得区分）のなかでも、どの所得にもあたらない最後に残った所得（バスケット・カテゴリー）です。個人事業主の所得である「事業所得」と同じように、**所得計算では「必要経費」の控除が認められています。**

「大阪競馬事件」の最高裁平成27年判決は、大阪の会社員の競馬所得が、通常と異なり「雑所得」にあたると認定し、外れ馬券の購入代金の控除を認めました。

ただし、このとき最高裁は、**自動購入ソフトを利用して機械的・網羅的に馬券を購入し続けていた態様《たいよう》を前提に、「一時所得」の要件を満たさない**としていたのです。

こうして「競馬大阪事件」では、競馬所得であるにもかかわらず、通達規定と異なり、雑所得にあたる場合があることが、最高裁の判断により明らかにされました。

そこで所得税基本通達は改正され、自動購入ソフトを利用して機械的・網羅的に購入していたような場合には、例外的に「雑所得」にあたるという注書《ちゅうがき》が記載されました。

競馬大阪事件と競馬札幌事件の違い

「競馬大阪事件」の最高裁平成27年判決のあとに、同じように大量の馬券を購入し、多額の利益を得ていた札幌の公務員の事例が、裁判所で判断されることになりました。これが、「競馬札幌事件」です。

最高裁は、「競馬大阪事件」と同様に、この事例も特殊なので「雑所得」にあたると判断し、外れ馬券の購入代金の経費控除を認めました。

ところが第1審では、納税者の請求は認められず、通常の馬券所得と同様に「一時所得」にあたり、外れ馬券の購入代金の控除は認められないとされていたのです。

それは、なぜでしょう？

第1審判決が下されたのは、「競馬大阪事件」の最高裁判決が下された2か月後でした。2か月まえに下された最高裁平成27年判決は、**自動購入ソフトを利用した特殊な購入方法で、例外的に「雑所得」を認めたものでした。**

しかし「競馬札幌事件」では、**自動購入ソフトは利用されておらず、納税者が個人の判**

断で毎回独自のノウハウから購入する馬券を決めていました。これでは「特殊」といえないということで、原則どおり「一時所得」になるということだったのです。

結局、高裁で逆転して「雑所得」という判断がなされると、最高裁でも同様に「雑所得」という判断がなされました。

紆余曲折《うよきょくせつ》を経たものの、最後は納税者勝訴で万々歳《ばんばんざい》ともいえます。

ただ、この**「最高裁平成29年判決」のあとに、所得税基本通達は再び改正されました**。今度は自動購入ソフトの利用だけでなく、「競馬札幌事件」のような購入方法をしていた場合も「雑所得」になるとして、注書の記載が追加されたのです。

租税法律主義では、通達の規定は「課税の根拠」にならない

課税は「法律」に基づいて行われるという「租税法律主義」の下では、**通達の規定は「課税の根拠」にはなりません**。しかし、税務行政は通達の規定に基づいて行われるので、納税者（税務申告をする税理士）は、これを参考にします。

そのような状況であったとしても、所得区分は、所得税法という法律の規定に基づき、

事例ごとに判断される仕組みになっているのです。この点で、最高裁の2つの判決は「法律」どおりの判断であった、ということができます。

2つの競馬事件の特色

2つの競馬事件の特色は、**納税者の主張が、通達の規定とは異なる解釈になっていた**という点です。そして、両事件とも最高裁はこの主張を認めています。

税務訴訟で納税者勝訴がみられる場合の1つの傾向として、**行政解釈である通達の規定と異なる解釈を納税者が採用した場合**を挙げることができます。

租税法律主義からすれば、通達には国民に対する拘束力はありませんから（法令ではないので、裁判所も拘束されません）、当然のことであるともいえます。

しかし、税務行政という課税の現場だけをみていると、こうした判断は予想しがたいかもしれません。

この点では、所得税法の規定にもかかわらず、数十年にわたって行政解釈に基づき二重課税が行われてきた「年金二重課税事件」にも通じるところがあるでしょう。

5 第1審の敗訴から、逆転して高裁で勝訴した例
——金地金スワップ事件

所得税は「利益」に対して課される

「競馬札幌事件」の最高裁判決が下された2017年（平成29年）に、名古屋の裁判所で判決が下された税務訴訟があります。

金地金《きんじがね》（いわゆる金の延べ棒《のぼう》のこと）を業者に保管を委託する契約をしたところ、それが「資産の譲渡」にあたるとして、所得税が課された事案です（**金地金スワップ事件**）。

土地・建物や株式といった「資産」は、時々の市場価格が上下します。所得税は、個人が得た「金銭」に対して課される税金ではなく、個人が得た「**利益**」に対して課される税

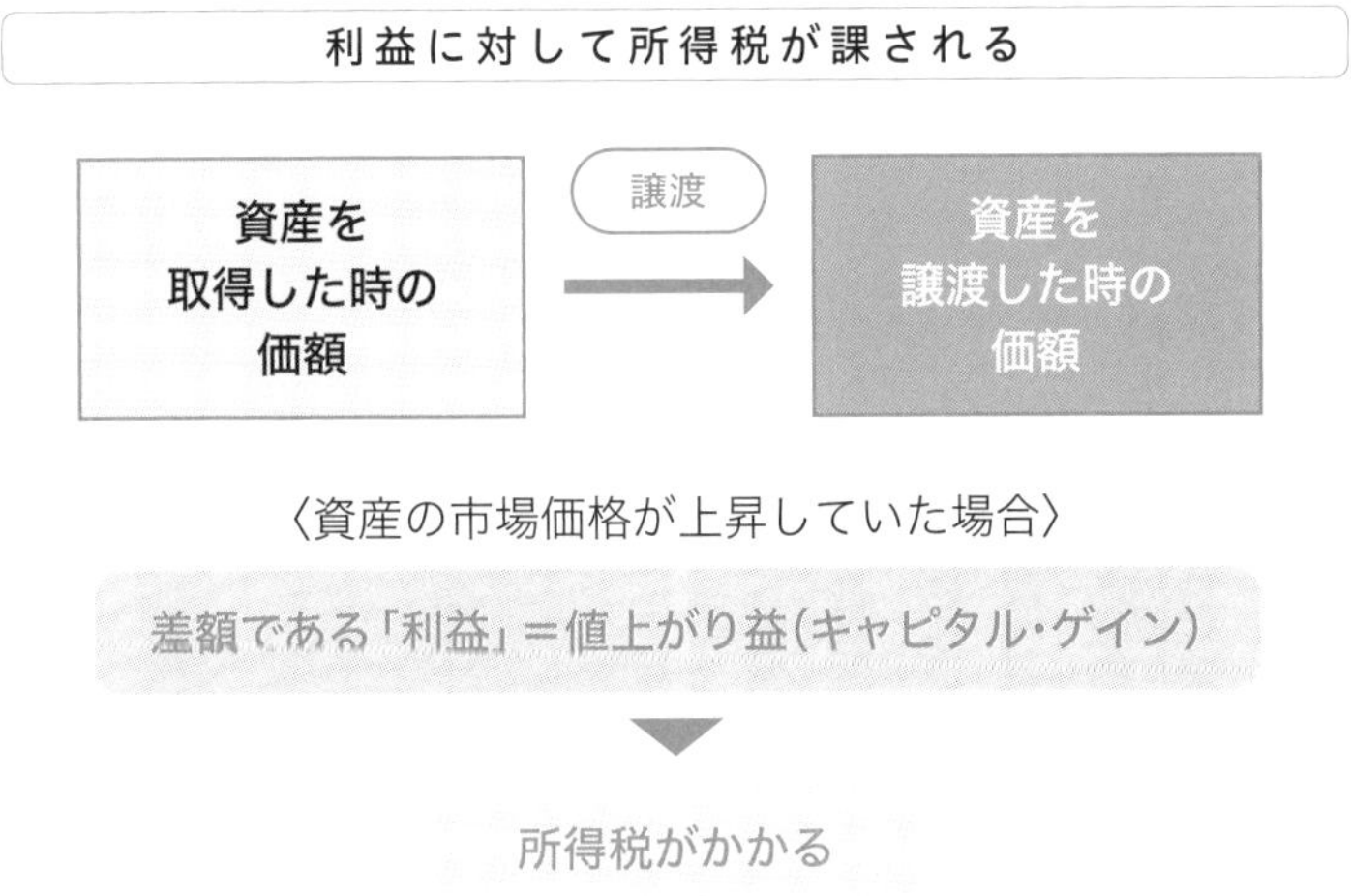

金です。

そのため、こうした資産を取得した時の価額よりも、譲渡した時の価額が上昇していた場合、**その差額である「利益」に対して、「資産の譲渡」を理由に得た所得として所得税が課されます（譲渡所得）**。

所得税法は、「含み益」があるだけでは課税しない

こうした利益は、資産が値上がりしたことで得られる利益になるため、「**値上がり益（キャピタル・ゲイン）**」といわれます。

したがってキャピタル・ゲインは、資産を所有している状態でも、市場価格が上昇すれば生じることになります。資産を取得した時

の価額（取得価額）と市場価格（時価）との差額である、いわゆる「**含み益**」です。

しかし所得税法は、こうした「含み益」があるだけで課税する仕組みはとっていません。あくまで**「資産」が他者に「譲渡」された時に、その「含み益」（キャピタル・ゲイン）を清算するのが「譲渡所得」になります。**

金地金スワップ事件の概要

金地金スワップ事件では、個人が所有していた金地金を業者に保管を委託する契約（いわゆる寄託《きたく》契約）をしていましたが、その際に、その業者製の金地金と「スワップ」（交換）することが条件となっていました。

そして、このスワップ（交換）をした際に、その個人が業者に預けた金地金の時価は、取得時と比べて大きく上昇していました。

こうした**キャピタル・ゲインのある状態で、「資産」である金地金の所有権を、スワップ（交換）契約によって業者に移転したことになる点**をとらえて、課税庁は「譲渡所得」にあたると考えたのです。

金地金を業者に寄託（保管を委託）しただけのつもりであった納税者にとっては、交換（スワップ）された業者製の金地金と預けた金地金の価値は「等価」に過ぎません。

そこで、これは「売買契約」などをして他者に所有権を移転させ、その支配を手放したような状態とはいえない（＝「資産の譲渡」ではない）として、課税処分の取消しを求める訴訟を国に対して起こしました。

裁判所の判断は？

裁判所の判断は、第1審と第2審（控訴審）で異なるものになりました。

第1審では、課税庁の主張が認められ、納税者の請求は棄却されました（名古屋地裁平成29年6月29日判決・税資２６７号順号１３０２８）。

スワップ（交換）契約によって、納税者がそれまで保有していた金地金の所有権は、業者に移転した以上、その時に生じていたキャピタル・ゲイン（値上がり益）は、「資産の譲渡」による所得として清算されるべきというものでした。

これに対して控訴審では逆転し、納税者の主張が認められました（名古屋高裁平成29年

12月14日判決・税資267号順号13099）。

たしかに、スワップ（交換）契約によってその金地金の所有権が形式的に業者に移転した事実はあるものの、この取引は「寄託」（金地金の保管を委託すること）に主眼がある以上、その実質をとらえれば、「資産の譲渡」とはいえないという判断でした。

両判決とも、当事者が締結したこの契約に、「寄託」と「交換」の2つの要素があることを認定しました（混合契約）。

しかし、第1審が、この「交換」部分によって金地金の所有権が形式的に業者に移転したことをもって「資産の譲渡」を認めたのに対し、控訴審は、契約全体の目的からみれば、**「交換」部分は「寄託」をするための準備行為に過ぎない**という判断をしたのです。

控訴審で敗訴した国は、最高裁に上告をしませんでした。そのため、「金地金スワップ事件」は納税者の勝訴で確定しました。

条文の解釈・適用の際に見解が分かれた

当事者が締結した契約内容については、2つの要素があるとされた（混合契約であると認定された）点は、両判決とも同じでした。それにもかかわらず、**結論が異なることになったのは、所得税法が定める「譲渡所得」の条文の解釈・適用の際に、「形式論」と「実質論」のどちらでみるかについて見解が分かれたから**です。

法の解釈・適用という観点からみれば、両説あり得た事例ともいえます。しかし、納税者が挑んだ国に対する訴訟で「勝訴判決」を得ることができた要因をみると、**所得税法という法律（税法）の「法解釈」で争っていた点**が大きいといえるでしょう。

なお、国が敗訴した判決であるにもかかわらず、なぜ、最高裁に上告をしなかったのかはわかりません。

第1審では勝訴していたことも考えれば、両説あり得る判断である以上、国は最高裁に上告をして、審理をしてもらうべきだったようにも思われます。

しかし、この金地金の例に、同種訴訟はありませんでした。また、納税者は租税回避を行ったものではなく、裁判所も個別事例における判断をしたに過ぎないようにもみえます。このような点から、国側は「他の課税問題に対する影響は大きくない」と考えたのかもしれません。

TAX LAW

6

下級審で勝訴し、最高裁に行くことなく確定した例
――複数国居住事件

所得税の納税義務が争われた税務訴訟

令和時代の幕開けとなった2019年（令和元年）には、個人の住所をめぐり、所得税の納税義務が争われた税務訴訟の判決がありました（**複数国居住事件**）。

日本で所得税を納める義務を負うのは、原則として日本に「**住所**」がある者です（1年以上の「**居所**《きょしょ》」が日本にある場合も、日本の所得税の納税義務者になります）。

このように、所得税法が定める「納税義務者」といえるためには、**日本に住所があることの判定**が必要になります。**住所とは、「生活の本拠**《ほんきょ》**」をいいます**。この点については、民法に定められています。

生活の本拠としての「住所」がどこにあるかは、一般に住居や職業、資産の所在、生計を一《いっ》にする配偶者等の親族が住む場所などをみて、総合考慮で判断されると税法の判例では解釈されています。

もっとも、住所の判断は容易ではない場合もあるため、所得税法は「住所の判定に関する事項」を「**政令**」（**内閣の定める命令**）に委任し、所得税法施行令にいくつかの推定規定を設けています。といっても、実際の住所の判断は、さきほど挙げたような要素の１つひとつを、個別にその納税者についてみるほかありません。

複数国居住事件の概要と判決内容

複数国居住事件では、日本企業の役員であり、かつ、海外の複数国で展開する拠点（外国に設立した子会社等）の代表取締役としての職業生活を営む納税者が、**自身の「生活の本拠」をシンガポールの居宅にある**と考えていました。

日本に住所がないとなれば、「**非居住者**」という分類になり、日本の会社からもらった**給与などの「国内源泉所得」（日本国内から得たものとして所得税法が定めた所得）に限り、日本の所得税を納める義務を負う**ことになります。逆に、海外の現地法人から得た役員報酬等については、日本の所得税の対象にはならないことになります。
このような認識の下でいた納税者に対して、住所（生活の本拠）は「日本」にあるとして課税処分が行われたため、その取消しを求めて国に訴訟を起こしたのが、「複数国居住事件」でした。

裁判所は、まず第1審が納税者の請求を認め、住所は日本にはないと判断します（東京地裁令和元年5月30日判決・金融・商事判例1574号16頁）。

国が控訴をしますが、第2審（控訴審）も国の控訴を棄却し、やはり住所は日本にはないと判断しました（東京高裁令和元年11月27日判決・金融・商事判例1587号14頁）。

こうして納税者が、1審・2審ともに勝訴した「複数国居住事件」について、国は最高裁に上告をしませんでしたので、納税者勝訴で確定となりました。

「事実の認定」が争われた裁判

納税者の「生活の本拠」がどこであるかという、**「事実の認定」が争われた裁判**である点が、この事件の特色といえます。所得税法の定める「住所」という概念が、どのようなものであるかという、**「法の解釈」が大きく争われたものではない**のです。

このように**「事実の認定」を争う税務訴訟においても、これを争うに十分な証拠がある限り、納税者の勝訴可能性が認められる**といえるでしょう。

もっとも、正確にいえば、課税処分の立証責任はこれを行った課税庁の側にあります。したがって、住所が日本にあることの立証ができない限り、課税庁が敗訴するという構造にあります。納税者の側で、「住所がシンガポールにあると立証しなければ勝てない」ということではないのです。


令和の始まりの年である2019年に判決が下された「複数国居住事件」ですが、同様に、令和に入ってから個人の所得税の納税義務をめぐり、住所が日本にあるといえるかが争われた裁判がほかにもありました（東京地裁令和3年11月25日判決・LEX／DB25603379）。しかし、**こちらの裁判では納税者は敗訴しています。住所が日本にあることを、課税庁が立証することができたから**です。

このように、「住所」（生活の本拠）がどこであるかを争うような「事実の認定」をめぐる税務訴訟については、裁判で課税庁が主張どおりの事実を認定できる「証拠」をもっているかが重要になります。

BUKININARU

序章 まとめ

序章では、**税務訴訟で納税者が勝訴したものには、どのようなものがあるか**を取り上げました。近時のものを中心にしましたが、そのなかでも、納税者が勝訴したごく代表的なものを挙げたに過ぎません。しかし、こうした判決のいくつかをみることで、「税務訴訟が勝てない裁判ではない」ことが、わかったのではないかと思います。

税務訴訟というと、かつては「**勝てない訴訟の代名詞**」といわれたようです。税務署が行った税務調査に基づき、税務署長が行った課税処分などの行政処分の取消しを求める裁判が税務訴訟です（詳細は、第4章参照）。

このような訴訟である点で税務訴訟の特色を考えると、**第1に、課税庁である国がもっている証拠が多い**という事実があります。すでに徹底した税務調査が行われているからです。国が適法性を立証しやすい構造があるのです。

また、訴訟を提起された被告である国（課税庁）の代理人は、訟務《しょうむ》検事と呼ばれる検察官（裁判官が任期付きで担当している場合もあります）が行うため、**第2に、訴訟技術にたけている集団が国をあげて防御にあたる**という特色もあります。

さらに、税務訴訟で納税者が勝つためには、すでに行われた課税処分などの行政処分が「違法である」と裁判所に宣言してもらう必要があります。この点で、**第3に、課税庁（行政庁）が行った課税処分などの行政処分が取り消されること自体、そのハードルが高い**という特色もあります。

このような特色があるにもかかわらず、税務訴訟で納税者が勝訴している例は、ごく普通にあります。ただし、後述するように**納税者の勝訴率は決して高いものではありません**（第2章参照）。

しかし、勝訴率はあくまで平均値です。国と争う行政訴訟である以上、簡単に勝てるわけではないことは想像がつくのではないかと思います。それでも、宝くじに当選するような「強運」や「偶然性」が必要なくらい、**滅多に勝てないわけでもないのです**。

そのメカニズムはあとで分析しますが（第3章参照）、序章は、税務訴訟で納税者が勝訴することはごく普通にあることを、まずは知っていただくものでした。同時に、三審制《さんしんせい》になっているため、さまざまなパターンがあることについても、冒頭からみることができたと思います。

次章では、一般に「納税の義務」についてなされていると思われる「誤解」を解きたいと思います。序章ですでに言及していることに重なる部分もありますが、**どのような場合にわたしたち国民に「納税の義務」が生じるのか**については、税務訴訟をとらえる根幹になります。この点を、憲法の考え方から紐《ひも》解きたいと思います。

参考文献等

▼**節税マンション事件**

- 木山泰嗣「判批」青山ビジネスロー・レビュー12巻1号（2022年）37頁
- 木山泰嗣「判批」税理65巻7号（2022年）120頁
- 山本拓「判解」ジュリスト1581号（2023年）92頁

▼**年金二重課税事件**

- 古田孝夫「判解」最高裁判所判例解説民事篇平成22年度431頁

▼**ユニバーサルミュージック事件**

- 木山泰嗣「判批」税理65巻10号（2022年）120頁

- 木山泰嗣「判批」税経通信75巻3号（2020年）167頁
- 大竹敬人「判解」ジュリスト1581号（2023年）97頁

▼金地金スワップ事件

- 木山泰嗣「判批」青山法学論集61巻3号（2019年）171頁
- 野一色直人「判批」産大法学55巻1号（2021年）189頁

▼複数国居住事件

- 加藤新太郎「判批」NBL1161号（2020年）85頁
- 木山泰嗣「判批」税理65巻12号（2022年）136頁
- 木山泰嗣「判批」税理65巻14号（2022年）120頁
- 長島弘「判批」税務事例54巻8号（2022年）57頁
- 西山由美「判批」ジュリスト1554号（2021年）118頁

COLUMN

税務訴訟にかかわる人たち⓪

――税法学者――

学者といえば、判決が公表されてからその評論をするイメージがあるでしょうか？

判例評釈《はんれいひょうしゃく》というものを、税法学者である筆者も、公表された判決について書いています。

しかし、「税法の解釈」が正面から争われることの多い「税務訴訟」では、裁判のなかで学者の意見書が提出されることもあります。課税庁側の主張を理論面から支える意見書もあれば、納税者の主張の妥当性を裏付ける意見書などもあります。

「知財高裁」と呼ばれる裁判所がありますが、「租税高裁」と呼ばれる裁判所は、日本にはありません。高裁に限らず、地裁も含めて、日本に租税裁判所はないのです。

「法の解釈」を担う裁判官としても、税務訴訟で、課税処分などの行政処分を違法と判断するには、「勇気」がいるのかもしれません。

税法を研究する学者による「意見書」が裁判所に提出される背景には、そのような意味もありそうです。

第1章

納税の義務に対する誤解

国民の「三大義務」って知ってる？（うん、わかるよ）
まずはね、勤労の義務でしょ（うん）それから、教育の義務でしょ（おお）
あとは……と、あれ？ 何だっけ？（何だっけ？） ああ、納税の義務だ！

TAX LAW

1

租税法律主義の特徴とは？

憲法の目的は国民の人権を保障すること

憲法は国のあり方を定めた「**最高法規**《さいこうほうき》」ですが、**その目的は国民の人権を保障することにあります。歴史的に、国家権力によって人権侵害はされてきました。**そのため日本国憲法は、表現の自由、信教《しんきょう》の自由、財産権などの「人権カタログ」を定めています。

また、国家権力は、権力を握る者によって「濫用《らんよう》」される危険が常にあります。そこで、国の権力を「**立法**」「**行政**」「**司法**」の3つに分解し、互いに抑制《よくせい》・均衡《きんこう》（チェック・アンド・バランス）の関係に立たせる仕組みも採用しています（**三権分立**）。

なぜ、国家による税の徴収は許されるのか？

このように、**人権保障のために国家権力が行うことができる根拠と範囲を、「条文」のかたちで示したものが「憲法」**です。

それにもかかわらず、学校教育では「国民の三大義務」として、「国民が従わなければならない場合がある」という説明がされているのではないかと思います。3つの義務ということで、豆知識のように流布《るふ》してきたこともあり、知らないうちに「**納税の義務**」という三大義務の1つが、わたしたち国民の意識に深く根づいているかもしれません。

なお、他の義務である「**勤労の義務**」を考えても、国による強制労働が認められるわけではありません。このことから、憲法が名宛人《なあてにん》（ルールの対象者）としている「国家権力」と同じような拘束力が、予定されているわけではないことがわかります。

実際に、憲法が定める「納税の義務」と呼ばれる条文は次のように定められています。

> 国民は、法律の定めるところにより、納税の義務を負ふ。

条文の文言を一読すれば、たしかに「国民は……納税の義務を負ふ」ことがわかります。しかし、この部分のみを取り上げて、**無条件に「納税は、国民の義務だ！」という意識をもってしまうと、誤解が生まれるおそれがあります。**

それは、憲法が保障している「**財産権**」という国民の人権について、いわば合法的に国家権力による侵害（税金としての強制徴収）が許されるのは、**あくまで「法律の定めるところによ」る場合に限られる、という重要な部分の「読み落とし」**です。

憲法が税金について定めたのは、この「納税の義務」の条文（30条）と、「租税法律主義」（84条）の2つです。

後者の条文もみておきましょう。次のように定められています。

> あらたに租税を課し、又は現行の租税を変更するには、法律又は法律の定める条件によることを必要とする。

これは、「租税法律主義」と呼ばれるものですが、**国家が「租税」（税金）を課したり、「変更」（改正）したりする際には、必ず「法律……によることを必要とする」という規定**です。

これは、**「法律」の根拠がなければ、国は国民に税金を課すことはできない**というものですから、**国民の側からみれば、法律の根拠がない限り、「納税の義務」は負わない**ということです。これが、「租税法律主義」になります。

租税法律主義が生まれた背景

租税法律主義は、イギリスの国王から議会が権限を獲得した**マグナ・カルタ**（1215年）に淵源《えんげん》をもつものともいわれ、アメリカの独立戦争（1775年〜1783年）でスローガンとなった、「**代表なくして、課税なし**」という言葉にもあらわれる重要な考え方です。

国民に保障された**「財産権」（稼いだお金や取得した財産を自由に使用でき、国から干渉されない権利）に制約を課し、自主的な納税がなければ、国が強制的に徴収することまでできるのが「税金」（租税）**です。

そうなると、どのような場合にどのような税金を課すのかという「**課税権**」（**課税の権限**）の所在（根拠と範囲）についても、国家権力による「濫用」がされないようにする「歯

課税庁の組織

国税庁	国税局と税務署を統括する。
国税局	全国に 11 局＋沖縄国税事務所 1 所。 各税務署を地域ごとに統括する。
税務署	全国に 524 署。具体的に税務行政を行う。

止め」が必要になりますよね。

こうした「歯止め」の機能を、選挙で選ばれた国民の代表者（国会議員）で構成される「国会」が制定する法規範（ルール）である「法律」に委ねたもの、それが「租税法律主義」なのです。

課税庁は、課税権を行使する省庁の総称

三権分立を採用する憲法の下で、課税権を行使するのは「**行政**」になります。

具体的に「税務行政」を行うのは、全国に524署ある「**税務署**」です。

各税務署を地域ごとに統括する組織として、全国に11局ある「**国税局**」があり（11局とは別に、沖縄

国税事務所が1所あり）、これらを統括するのが「**国税庁**」になります。

これらの課税権を行使する省庁（国の役所）を総称して、税法の世界では「**課税庁**」と呼んでいます。

課税庁が、勝手気ままに、自由な「課税」（恣意《しい》的な課税）を行うことがあっては困りますよね。**租税法律主義は、課税庁（行政権）による「恣意的な課税」を防止することを目的にしているのです。**

国税の多くは申告納税制度を採用している

こうして「法律」に基づく「課税」を行っていく「課税庁」ですが、国に納める税金である「国税」の主たるもの（所得税、法人税、相続税、贈与税、消費税）は、「**申告納税制度**」を採用しています。

申告納税制度は、納税の義務を負う者（納税義務者）が、法律に照らしていくらの税金を納めるべきことになるのか（納税額）を計算した書類（**確定申告書**）を作成し、税務署に提出することで、「**その税額を確定させる仕組み**」です。

たとえば、個人の所得に課せられる「所得税」で考えると、個人事業主である事業所得者は、毎年1年分（1月1日～12月31日）の得た所得について、翌年の3月15日までに「**所得税の確定申告書**」を所轄の税務署に提出することで、自分の所得税額を確定させ、その税額を納付（納税）することになります。

こうして納税者が行った納税の内容について、その計算過程が記された確定申告の内容を、「**税務調査**」等でチェックを行うのが、税務署ということです。

また、自分の税金を確定させる手続である「確定申告」を行わず、税金を納めない納税者もいますから、このような納税者に対して、行政権を行使して「課税処分」などの行政処分を行うのも税務署になります。

本項のまとめ

本項をまとめると、こうなります。

納税の義務は、法律の根拠がある場合に限り、生じます（憲法30条、84条）。

「行政」としての課税権の行使は、こうして「立法」によって生じた「納税の義務」が、適正に履行《りこう》されること実現するためになされます。具体的には、課税庁は税務調査などを行い、必要な課税処分なども行うことになります。

課税庁によってなされる課税処分などは、行政権の行使であり「行政処分」になります。しかし、こうした「課税処分」なども、「法律」に照らしてみたときに「本当に正しいものであったのか？」という疑問が生じる納税者もいるでしょう。

こうして**納税者が、課税庁からなされた課税処分に疑問をもったときに、「法律に照らして正しいものであったか」の審査を求める「司法」の手続が税務訴訟**です。

こうして「税務訴訟」を対象にする本書が、まずおさえておくべき重要な原則として、「租税法律主義」が登場することになります。

その具体的な内容は、次に述べたいと思います。

TAX LAW

2 課税要件法定主義の特徴とは？

課税権が生じる要件は、個別の法律に定められている

租税法律主義とは、「納税の義務」（＝国の課税権）は、「法律」の根拠がある場合にのみ生じるというものでした。

このような租税法律主義を前提としたときに、次に必要になるのは、**「納税の義務」が生じるための「根拠」の定め方**です。

この点については、納税者にとっての「納税の義務」は、課税庁（国）にとっては「課税権」にあたることから、**「課税権」（納税義務）が生じるための「要件」を、個別の税法（法律）のなかで定める仕組み**を採用しています。

これを、「**課税要件**」といいます。課税要件は、納税義務が成立するための要件を定めるものですから、その要件を満たす事実（**課税要件事実**）があれば、納税義務が生じることになります。

納税義務が生じているにもかかわらず、納税者がこれを確定させる手続（確定申告）を行わず、あるいは、確定申告を行っているものの、法律に照らして正しい税額での確定をさせる手続になっていない場合（過少申告の場合）には、課税庁が「課税権」を行使することになります。

課税要件も法律で定める必要がある

このように、課税庁が「課税権」を行使するための根幹となる「課税要件」ですが、租税法律主義は、この「課税要件」を「法律」で定めることを求めます。これを「**課税要件法定主義**」といいます。つまり、「課税要件は、国会の制定した『法律』で定めることが必要になる」ということです。

こうして、主要な国税の例でいえば、所得税については「所得税法」で、法人税については「法人税法」で、相続税・贈与税については「相続税法」で、消費税については「消費税法」で、それぞれ定められています。

「税法」（租税法）というのは、税金（租税）に関する法分野の総称であり、大学の科目名や教科書のタイトルなどで使用されています。

しかし実際には、「労働法」や「倒産法」という法律があるわけではないのと同じように、「税法」という法律があるのではなく、いまみたような個別の税金ごとにその課税要件を定めた税に関する法律があります。これは、まさに憲法が求める「租税法律主義」を実現するものです。

本書は、「税務訴訟」のなかでも「国税に関する訴訟」に軸足を置いていますが、地方団体に納める税金である「**地方税**」についても、その全体の枠を定める法律があります。「地方税法」という法律です。

もっとも、**地方税は各自治体が地域の実情に応じた「地方自治《じち》」を行うための重要な財源になるもの**です。そのため、全体の大枠を定めた「地方税法」が「枠法《わくほう》」として存在しており、詳細は地方団体ごとに地方税法の範囲内という前提はありますが、地方議会の議決に基づき「**税条例**」を定めることになります。

この点で、地方税の場合は、租税法律主義は「租税条例主義」であるといわれることがあります。

いずれにしても、国税であれ地方税であれ、その**課税権（納税義務）が生じるための「課税要件」を、民主的プロセスを経た議会（国会・地方議会）で制定しなければならない**、ということです。

課税要件の具体的な要素は？

では、課税要件とは具体的にどのような要素からなるのでしょうか。どの税金においても「共通」するものとして、次の5つがあると整理されています。

①　だれに納税義務が生じるのか（納税義務者）
②　なにを課税の対象にするのか（課税物件）
③　課税物件はだれに帰属するのか（人的帰属）
④　税率を適用するための数値をどのように計算するのか（課税標準）
⑤　どのような割合で納税額を算出するのか（税率）

これらの5つについて、各税法で「課税要件」を定めることが求められます。逆にいえば、各税法の条文をみると、これら5つの課税要件が具体的に定められていることになります。

政令や省令でも課税要件を定められるのか？

このような「課税要件」は、租税法律主義の下では、いまみたように国民の代表者を構成員とする議会で定められること（法定《ほうてい》）が必要でした。しかし、広い意味での「法」（法令）は、国会の制定する「法律」だけではありません。

たとえば、所得税については「所得税法」という法律があるだけでなく、「所得税法施《し》行《こう》令」という**政令**（**内閣の制定するもの**）、「所得税法施行規則」という**省令**（**財務大臣が制定するもの**）もあります。

こうした行政機関の制定する「法令」（法学では「**命令**」と呼ばれるもの）でも、課税要件を定めることはできるのでしょうか。

この点については、租税法律主義が「法律の定める条件」も含む文言になっていたこと

（憲法84条）をあわせ考え、議会（国会）の制定した**「法律」が委任する範囲内であるといえれば、「施行令」や「施行規則」で、本来「法律」が定めるべき「課税要件」の一部や細かな点を定めることはできる**と解釈されています。

施行令の規定が「無効」とされたケース

この問題は、「現実にはすでに『施行令』や『施行規則』が税法一般にあるではないか」という疑問につながるかもしれません。

しかし、**現実に課税要件の一部を定める「施行令」や「施行規則」があることと、それが「租税法律主義」に照らして「正しい」といえるかは別問題**です。

実際、２０２１年（令和3年）に資本配当と利益配当の双方による混合配当が行われた場合の法人税法上の扱いについて争われた訴訟で、最高裁は「法人税法施行令」が定めていた細かな計算部分について、**「法人税法」という法律の委任の範囲を超えるもの**であることを理由に、当該施行令の計算規定を「無効」であると判断しました（最高裁令和３年3月11日第一小法廷判決・民集75巻3号４１８頁）。

具体的には、次のような判示でした。

……の計算方法について定める**法人税法施行令23条1項3号の規定のうち、**……**の計算方法を定める部分は、**……となる限度において、**法人税法の**趣旨に適合するものではなく、同法の**委任の範囲を逸脱した違法なものとして無効というべき**である。

税務行政では、さまざまな「通達」が定められている

施行令や施行規則については、行政機関が制定するものであるとはいえ、「法令」に属しているものでした。序章でもみたように、これに対して税務行政では、**課税庁の内部命令としての「通達」が、さまざま定められています。**

所得税でいえば「所得税基本通達」があり、法人税には「法人税基本通達」があり、「相続税法基本通達」や「消費税法基本通達」もあります（前二者と異なり、後二者には「法」が通達名に入っていますが、性質は同じです）。

相続税や贈与税の財産評価（時価評価）を行うための詳細な計算方法を定めた「財産評

さまざまな通達の例

税	通達
所得税	所得税基本通達
法人税	法人税基本通達
相続税	相続税法基本通達
消費税	消費税法基本通達
相続税・贈与税	財産評価基本通達

etc.

価基本通達」（評価通達）があることは、すでに序章でみたところです。

こうした通達は、全国に524署ある税務署における「税法」の解釈がバラバラにならないよう、全国で統一的・画一的な課税がなされるよう、**課税庁のトップである国税庁長官が、税務職員に対してこれに従って税務行政を行うように命じたもの**です。

法律上の根拠としては、国家行政組織法に次の定めがあります（14条2項）。

> ……**各庁の長官は**、その機関の所掌事務について、命令又は示達《じたつ》をするため、所管の諸機関及び職員に対し、……**通達を発することができる**。

このように考えると、**「通達」は、税務行政における税法解釈が同じになるために必要なもの**であることは否《いな》めません。しかしその**通達規定は、議会（国会）で審理され制定されたものではありません。**そのため、**租税法律主義にいう「法律の定め」にはあたらない**ことになります。

この点が、税務訴訟を理解するうえでは極めて重要です。

現実に行われている「税務行政」における「通達」の規定と、課税処分を受けた納税者が、「法律」（税法）に照らして正しいものかの審査を「司法」に求めた訴訟のなかでみられる「通達」の規定とでは、意味合いがまったく異なるからです。

実際、序章でみた「節税マンション事件」では、次のように判示されています（最高裁令和4年4月19日第三小法廷判決・民集76巻4号411頁）。

……**評価通達**は、……時価の評価方法を定めたものであるが、上級行政機関が下級行政機関の職務権限の行使を指揮するために発した**通達にすぎず**、これが**国民に対し直接の法的効力を有するというべき根拠は見当たらない。**

また、競馬大阪事件の下級審でも、次のとおり判示されています（大阪地裁平成25年5月23日判決・刑集69巻2号470頁）。

……**通達は**、行政機関の長が所管の諸機関及び職員に対して行う命令ないし示達であり（国家行政組織法14条2項）、**国民に対する拘束力を有する法規範ではない**。したがって、通達の定めは、裁判所の行う法律解釈に際し、当該法令についての行政による解釈としてその参考とはなり得るが、それ以上の影響力を持つものではない。このことは、租税行政が通達の下に統一的、画一的に運用されていること、そのため国民が納税義務の有無等を判断するに当たっても重要な指針となっていると考えられることを踏まえても、何ら変わるものではない。

租税法律主義の内容として導かれる「課税要件法定主義」については、このように、①**「課税要件」とは何か**、②**「法定」とは何か**の2つを分析してみることが重要です。

こうした**「課税要件」の「法定」は、何をどの機関が定めるかという、いわば「形式の問題」**でした。

そこで次に検討すべきことは、**「法定」された「課税要件」は、どこまで明確にされるべきかという、いわば「内容の問題」**になります。その具体的な内容は、次に述べたいと思います。

TAX LAW

3

課税要件明確主義の特徴とは?

課税要件は「明確」でなければいけない

課税要件が「法定」されれば、それだけで課税庁による「恣意的な課税」を防ぐことができるかというと、疑問が残ります。なぜならば、課税の根拠が法律で規定されたとしても、**その法律の規定の仕方があいまいであれば、そこに「自由な解釈」の可能性が生じてしまう**からです。

課税要件を定めた「税法」の条文の文言があいまいで漠然としていれば、課税庁がその文言を課税しやすいように都合よく拡《ひろ》げたり、狭《せば》めたりして「恣意的な課税」ができてしまうでしょう。これでは、租税法律主義が骨抜きになってしまいます。

租税法律主義の目的と内容

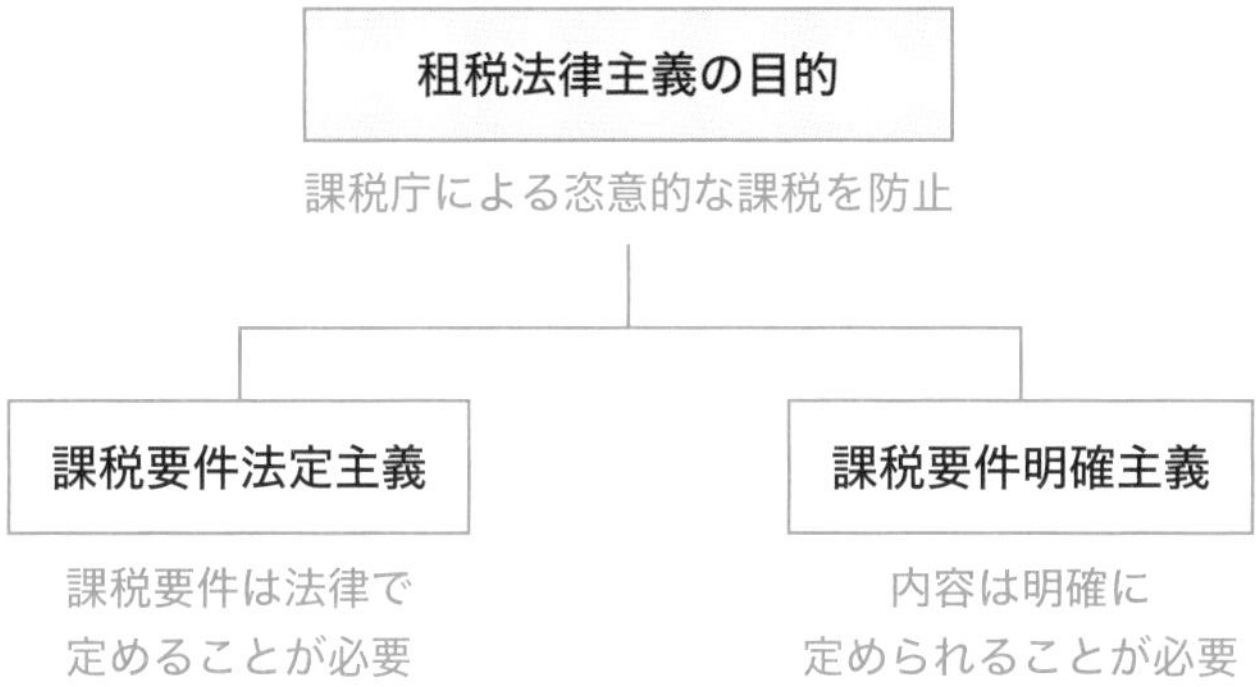
租税法律主義の目的
課税庁による恣意的な課税を防止
課税要件法定主義
課税要件は法律で
定めることが必要
課税要件明確主義
内容は明確に
定められることが必要

そこで、**課税要件は法律で定めるだけでは足りず、規定された内容が「明確」であることも必要である**と考えられています。これを「**課税要件明確主義**」といいます。

租税法律主義は、課税庁による恣意的な課税を防止する目的を有しています。

そのために、課税の根拠（納税義務の成立要件）である「課税要件」は「法律」で定められ（課税要件法定主義）、かつ、その内容は「明確」に定められることが必要になる（課税要件明確主義）、ということです。

課税の根拠に「法定」が求められるのは、主権者である国民の代表機関を通じて制定された法規範によるべきというもので、租税法律主義の「**民主主義的意義**」から説明することができます。

法律の根拠に基づかない課税が許容されないという意味では、租税法律主義には「**自由主義的意義**」もあります。税法に根拠規定がなければ納税の義務は生じないという意味で、法定された課税要件を充足しない限りは「課税されない」という「自由」が、納税者に保障されているといえるからです。

「予測可能性」と「法的安定性」の確保

このように租税法律主義を考察していくと、次の考え方にもたどり着きます。それは、「**どのような行為をすると、どのような納税義務が生じるのかについて、税法の条文から読み取ることが可能でなければならない**」ということです。

課税要件が明確に定められなければならないということは、法律で定められた課税要件が明確になることを意味します。これによって、納税者は事前に自分にどのような課税がされるかの「**予測可能性**」を手にすることができます。

また、法律で明確に定められた課税要件に基づき行われる課税権の行使は、同じ税法の条文の解釈・適用に基づきなされるため、**「法的安定性」**も確保されることになります。

同じ所得税法の規定であるにもかかわらず、「A税務署の解釈とB税務署の解釈が異なる」というのであれば、あるいは「担当する人が変われば、同じA税務署内でも解釈が異なる」というのであれば、法の適用に「安定性」がなくなってしまいます。

そのようなことがないよう、課税要件の明確性が、「租税法律主義」の内容として導かれるのです。

とはいえ、課税要件を定める各税法も、法律である以上、「一般性・抽象性」があることは否定できません。法律の規定内容が「個別的・具体的」であれば、特定のだれかを、あるいは特定の事件を「狙い撃ち」したものになってしまいます。

しかし法律は、同じ状態にあるものに同じ結果が生じるような「一般性・抽象性」が必要です。そのような規定になっていることで、法は「平等」であり、「公平」であるといえるからです。

最高裁判例により、下級審の法解釈は統一される

法を解釈・適用するのは「司法権」を行使する裁判官ですが、どの裁判官にあたっても

同じ法律の規定が使われる点で、「**裁判の公平性**」も確保されることになります。

もちろん、法の適用においては条文の文言の解釈が必要になる点で、最高裁判例による統一的な解釈がないものについては、下級審で裁判所ごとに解釈が異なる事態も起き得ます。

しかしそのような場合でも、最高裁判例が下されることによって、下級審で区々《まちまち》になっていた法解釈が統一されることになります。**最高裁は、下級審で分かれた法解釈を統一する役割を担《にな》っている**のです。

したがって、**課税要件が「明確であるべきこと」（明確性）は、あくまで「立法」における要請**であることになります。国会が制定する「法律」の規定が、あいまい過ぎて解釈することが困難なくらいに「不明確」であってはならない、ということです。

同時に、「明確性」が求められる税法の課税要件の規定ですが、その税法規定を適用する際に条文の文言の意味を明らかにする（法を解釈する）ことは、法律の「一般性・抽象性」から不可避であることにもなります。

不確定概念とは？

こうして、税法規定は憲法上「明確」に定められなければならないとしても、だれが読んでも絶対に1つの解釈しかなし得ないほどに「一義的・絶対的」に明確であることまでは求められず、自ずとその文言《もんごん》に解釈の余地を残すことになります。

そこで「**不確定概念**」といって、**どのような内容を意味しているかが「一義的・絶対的」に読み取ることができないような概念であっても、直ちに課税要件明確主義（租税法律主義）に違反するものではない**と解されています。

実際、たとえば法人の所得について定めた「法人税法」には、「不相当に高額」な部分の役員給与は「損金」（法人の所得計算をする際に控除できる経費）に算入できないという規定があります。

また、「税の負担を不当に減少させる結果」をもたらす法人の行為や計算が、**税法上「否定」される規定**（**否認規定**）も、法人税法をはじめ、所得税法にも相続税法にも定められています。序章の「ユニバーサルミュージック事件」も、法人税法の定める否認規定の「不当性要件」を充足するかが争われた訴訟でした。

これらの規定にいう「不相当に高額」や「税の負担を不当に減少させる結果」という文言は、いくらから「不相当に高額」といえるのか、どのような場合に「不当に減少」とされるのかが、条文の文言を読んでも明確とはいえません。

こうした「不確定概念が課税要件明確主義に違反するのではないか」という問題について、裁判所は「違反するものではない」という判断を下し続けています。

いま挙げた2つの例では、前者については、どのような要素をみて「不相当に高額」と判断するのかは、法人税法が委任する政令（法人税法施行令）に具体的な要素が挙げられていることや、租税の専門家である税理士が容易に得られる役員給与のデータもあることから、「どれくらいが『不相当に高額』であるかをまったく予測することが困難であるとまではいえない」という論理です（東京地裁平成28年4月22日判決・税資266号順号12849、東京地裁平成29年10月13日判決・税資267号順号13076等参照）。

また、後者については、「どのような事情を考慮要素として、どのような観点から『不当性』を判断すべきかについてさまざまな判例がその基準を示していることから、これらを参照しながら判断することは不可能ではない」という論理なのです（東京高裁平成26年11月5日判決・税資264号順号12563等参照）。

不確定概念の規定は、納税者間の公平を図るためにつくられた

こうした不確定概念に関する裁判所の判断をみると、「課税要件明確主義が徹底されていないのではないか」という疑問が起きるかもしれません。

たしかに、納税者が、税法の定める課税要件（条文の文言）を読むだけで具体的にいくらの税額になるのか、どのような場合に行為・計算が否定されるのかを、完全に予測することはできないことを裁判所も認めています。

しかし**これらの規定は、税法規定のなかでも租税回避が行われやすい場面に限定して、納税者間の公平を図るために苦心してつくられた「立法措置」**でもあります。

租税回避を行った納税者が得をして、行わなかった納税者が損をするという状態は、公平とはいえないですよね。しかし、租税法律主義がある以上、明文の税法規定なくして「不公平だから」という理由で租税回避を否認することはできないのです。

そこで、こうした状態が一般に起きやすい場面に限定して、明文の否認規定を設けようとすると、どうしても「不当」「不相当」という文言を使用せざるを得ない側面が「立法」上あるわけです。

裁判所はこの点に理解を示し、こうした「不確定概念」を用いた規定について、立法目的からやむを得ない規定であると解釈し、「課税要件明確主義に違反しない」としているのです。しかし、だからといって「不相当に高額」であることや、「税の負担を不当に減少させる結果」になることが、税務署長に恣意的に認められるようなことはあってはなりません。

そうすると、こうした場面における「恣意的課税の防止」に対する歯止めは、「立法」内容として行うことはむずかしく、課税処分を受けた納税者が、国を相手にその取消しを求める訴訟を起こした際に、「裁判所」による「行政」に対する司法審査のなかで行われることになります。これが、本書が扱う「税務訴訟」です。

これで、「租税法律主義」の重要部分をみることができました。「課税要件法定主義」と「課税要件明確主義」の2つです。ほかにも租税法律主義の内容はあるのですが、税務訴訟との関係で特にみておくべきものは、「**合法性の原則**」になります。

その具体的な内容は、次に述べたいと思います。

TAX LAW

4

合法性の原則の特徴とは？

課税は「法に適合するかたち」で行う必要がある

租税法律主義は、「課税権の行使は『法律』の根拠に基づかなければならない」とするものでした。逆にいえば、**課税権の行使は、「法律」の規定どおりに行うことも必要になります**。これを「**合法性の原則**」といいます。

課税要件法定主義や課税要件明確主義と比べて言葉の意味がわかりにくいかもしれませんが、「**課税は法に適合するかたちで行わなければならない**」というものです。このように考えれば、「合法性の原則」の意味も理解しやすくなると思います。

といっても、法律の規定どおりに課税がなされるのは、「あたりまえのことではないか」

という疑問も起きるかもしれません。法律の規定どおりに行われない課税というのは、「単に『違法な課税』ではないか」と思われるかもしれないからです。

任意規定の多い民法

ここで、同じ法律であっても**任意規定**が多い「民法」について言及しておきましょう。

民法は、私人《しじん》と私人の間で生じる紛争を解決するための法律です。市民のための法律であり、さまざまな領域を規定していますが、財産関係について定めた「**財産法**」と呼ばれる部分については、「契約関係」の規定が多くあります（民法には、親族や相続を定めた「**身分法《みぶんほう》**」と呼ばれる部分もありますが、ここでは省略します）。

財産権を他者に移転させる代わりにその対価（代金）を得るのは「売買契約」であり、対価を得ることなく無償で他者に財産権を移転させるのは「贈与契約」です。こうしたさまざまな契約関係の規定を民法は定めていますが、多くの規定は「任意規定」と呼ばれるものになっています。

任意規定とは、当事者間の合意（特約）があれば、その適用を排除できる法律の規定です。つまり民法の規定は、特に財産法の部分では、当事者同士で明確な合意がない場合にどうなるかについて定めたもの（任意規定）が多く、契約書で自由に定めることができる（民法の規定を修正できてしまう）ものが多いのです（これに対して身分法の部分では、婚姻や養子縁組《えんぐみ》など社会秩序にかかわる規定が主たるものになるため、当事者で自由に決められるものは少なくなっています）。

税法の場合はどうか？

では、「税法」ではどうかというと、これまで述べてきたように、当事者で自由に定められるような性質のものではありません。納税義務がそもそも私人間《しじんかん》に生じるものではなく、**国家権力（国または地方団体）と国民（納税者）との間で「法律の規定」に基づき生じるもので、個別の契約によって生じるものではない**からです。**税法は、当事者の合意でも排除することができない「強行規定」**なのです。

こうした違いがあるため、税法の規定には「自由度」はありません。そこに自由度があるとなれば、たとえば、ある税務署職員が「Aさんはかわいそうだから」、あるいは、「Bさんには税務相談を受けたときに、誤った情報を伝えてしまったから」といった「個別の事情」を理由に、法律（税法）とは異なる「課税」を認めることができてしまいます。

しかし、これではまさに「恣意的な課税」（法律に基づかない課税）が横行することになります。「税金をまけてあげる」ことは、まけられた納税者にとっては「ありがたいこと」ですが、他の納税者との公平を考えれば許されないことです。

合法性の原則が租税法律主義の内容として求められるのは、**こうした不公平な課税（恣意的な課税）を抑止するため**です。

こうした「合法性の原則」があることから、税務署職員が納税者に誤った内容を伝えてしまい（誤指導がされ）、誤指導に基づき「法律」と異なる税額で確定申告をしてしまったような場合でも、誤指導どおりの税額で課税を確定させることは許されないことになります。

あるいは、課税庁の見解として通達規定などに示された「法の解釈」が、税法規定の正しい解釈ではなかったような場合でも（そのことが裁判所によって示された場合もありますし、課税庁自身が気づいて通達改正を行う場合もあります）、その誤った行政解釈に基づいて行われた確定申告も、法に照らして誤っている以上、是正《ぜせい》されなければならないことになります。

具体的には、税務調査がなされ、納税者の行った確定申告が過少であったとして税務署長から課税処分が行われたときに、その取消しを求めて国に提起した訴訟で、納税者が、「税務署職員の誤指導によるものだった」「課税庁が通達で示していた解釈によるものだった」という主張を納税者がしたとしても、「その解釈が『法律』に沿うものではない以上、課税処分は違法にはならない」ということです。

納税者としては不満が残りそうですが、こうした「**信義則**《しんぎそく》」違反の問題（私人間の法律関係では、民法の明文で規定されているもので、まえに行った言動と異なる行為をあとからすることで相手に与えていた信頼を崩してはならない「**禁反言の法理**《きんはんげん》」を意味します）については、法律どおりに課税されることが求められる税法には「適用されない」と解釈されています（最高裁昭和62年10月30日第三小法廷判決・訟月34巻4号853頁参照。「特別の事情」があれば、税法上の法律関係にも信義則を適用する余地は認めています。ただし、現実には「特別の事情」が認められることはなく、信義則が適用されることはありません。

他方で、過少な申告を行っていた納税者に対し、ペナルティ（行政上の措置）として**本**《ほん》

税《ぜい》**（本来納付すべき税額）**とは別に賦課《ふか》される**「過少申告加算税」（加算税）については、「正当な理由」があれば賦課されない**ことが、「国税通則法」に規定されています。

そこで、ペナルティとしての加算税の場合、誤指導や課税庁の従前《じゅうぜん》の見解に従った申告については、（納税者を責めることができない）「正当な理由」を認めることで、信義則違反の問題が事実上考慮される仕組みにはなっています（最高裁平成18年10月24日第三小法廷判決・民集60巻８号３１２８頁、最高裁平成27年6月12日第二小法廷判決・民集69巻４号１１２１頁等参照）。

合法性の原則は、「租税法律主義」が形式的に貫かれるべき要請であることから、**本来納付すべき税額（本税）については、信義則違反を認めない解釈を求めます。**

加算税については「正当な理由」として考慮され得るとしても、本税については信義則違反を理由に課税処分が違法になることはないというと、冷たいようにみえるかもしれません。

しかし、それは**納税者間の公平を図るためには必要なこと**なのです。**税法の規定は、**民法の財産法の部分に多くあるような「任意規定」ではなく、**当事者の合意でも排除することができない「強行規定」だからです。**

TAX LAW

5 租税平等主義の特徴とは？

同じ状態の納税者には同じ課税がなされるべき？

憲法の定める「租税」（税金）に関する明文の規定としては、納税の義務（30条）と、租税法律主義（84条）があるのみです。

しかし税法の本をみると、租税法律主義と並んで「**租税平等主義**」も挙げられているのが通常です。**租税平等主義とは、同じ状態にある納税者に対しては、同じ課税がなされるべき**とするもので、平等原則が税法にあらわれたものです。

憲法は、「法の下の平等」（平等原則）を次のように定めています（14条1項）。

すべて国民は、法の下に平等であつて、人種、信条、性別、社会的身分又は門地により、政治的、経済的又は社会的関係において、差別されない。

この規定の主眼は「差別」を禁止するものですが、税に関する法律関係（租税法律関係）にも「法の下の平等」が貫かれなければ、この規定の意味がなくなってしまいます。

ここにいう「法の下」とは、「取扱いの平等」だけでなく、「法内容の平等」も含むと解されています。法内容の平等とは、**「国会が制定する『法律』が規定する内容においても『平等原則』が適用される」**ということです（**立法者拘束説**）。

そこで租税法律主義に基づき、国会で制定された「税法」（法律）の規定といえども、その規定内容に「平等原則」違反があれば、憲法違反になります。この場合、**法律で制定されている以上、租税法律主義（84条）には違反しませんが、その法内容に不平等がある点で、平等原則（14条）に違反する**ことになるのです。

もっとも、憲法が定める平等原則にいう「平等」とは、すべての者をまったく同じように取り扱うべき「**絶対的平等**」ではなく、事実上の差異に基づく合理的な区別を行うことを許容する「**相対的平等**」であると解されています。

「平等原則に違反する」として争われた訴訟

この点については、所得税法が定める「所得」計算において、個人事業主である「事業所得者」は実額による必要経費の控除を認めながら（**実額控除**）、サラリーマンである「給与所得者」には所得税法の定める一定額の給与所得控除額しか認めない（**概算控除**）のは、「平等原則に違反する」として、私立大学の教授が提起した訴訟がありました（**大嶋訴訟**）。

最高裁は、憲法の定める平等原則があくまで「相対的平等」であることを述べたうえで、租税立法（税法）には専門・技術性の高い経済政策の検討が必要になるため、当事者が収集して提出する証拠のみから判断しなければならない裁判所の司法審査にはなじまず、三権分立の観点からも、国会の「立法裁量」が尊重されるべきことを述べました（最高裁昭和60年3月27日大法廷判決・民集39巻2号247頁）。

こうして、租税立法が違憲《いけん》になるかどうかの判断基準（**違憲審査基準**）として、最高裁は、①立法目的の正当性があれば（**目的基準**）、②その手段として定められた立法内容が

大嶋訴訟における最高裁判決の考え方

① 立法目的に正当性（合理的な理由）がある

② 規定内容が著しく不合理であることが明らかといえない

▼

裁判所は「違憲無効」という判断をしない

著しく不合理であることが明らかでない限り（**手段基準**）、平等原則違反にはならないとしました（**合理性の基準**）。租税法律主義の意義が、ここでも機能することになります。

大嶋訴訟の最高裁判決の考え方は、租税立法（税法）に不平等にもみえる規定があったとしても、そうした区別に正当性（合理的な理由）があれば（①）、規定内容が著しく不合理であることが明らかといえない限り（②）、裁判所は「違憲無効」という判断をしないというものです。

一見すると冷たい判断のようにもみえますが、そうではありません。なぜなら、あくまで財産権という「経済的な自由」に対する規制立法であることも踏まえ、**できる限り民主的手続を経て制定された「法律」の内容を尊重し、問題があるのであればそうした「法**

律」を立法府（国会）が「改正」すればよい、というメッセージになっているからです。

実際に大嶋訴訟では、「合憲《ごうけん》」（憲法に違反しない）という判断でしたが、すぐに法改正がなされ、所得税法は給与所得者についても、一定の要件を満たせば「実額控除」を認める制度（**特定支出控除**）を創設しています。

租税平等主義は弱い効力

こうしてみると、**租税平等主義は、「立法内容」の違憲性を争えるほどに「強い効力」をもつものではない**ことがわかると思います。

租税法律主義が、税務行政の行政解釈である通達規定に、裁判所が「拘束力」を認めない判断を行うことができる「強い根拠」になっていることに比べると、租税平等主義は、立法内容の審査に対して「弱い効力」をもつに過ぎないのです。

しかし、逆にいえば不平等ではないかも含めて、**租税立法（税法の規定）は、国民の代表機関である「国会」で議論して定められるべきものであり、問題があれば法改正を検討すべきである**ことになります。

他の法律と異なり、税法には毎年必ず改正があります。いわゆる「**税制改正**」と呼ばれるもので、政府の税制調査会において、常時現行税制の問題点・改善点などが議論され続けており、こうした議論を踏まえて、毎年12月に政府与党から「**税制改正大綱《たいこう》**」という税制改正の方針が示されます。これに基づく税制改正の法案が翌年の通常国会に提出され、3月末までに国会で可決され、4月1日から施行されるのが通常です（大きな改正の場合は、影響を考えて、数年の周知期間を置いてから施行されます）。

租税法律主義が優先される理由

こうした議論を踏まえると、**「租税法律主義」と「租税平等主義」が衝突する場合、優先されるのは、前者（租税法律主義）になります。**租税回避の事例で、税法の定める否認規定がないがために、租税回避行為を容認せざるを得ない判断が裁判所でなされるのは、租税法律主義が租税平等主義に優先されているからです。

ここに違和感を覚える人もいるかもしれませんが、理屈としては間違いではありません。租税法律主義が、課税庁による「恣意的な課税」を防止することを目的とするものである以上、**「租税回避はよくない」という感情的な理由で、税法の定める課税要件の充足がないのに、「納税の義務」を生じさせる解釈をすることは許されない**からです。

そして、税法が明文で定めた「租税回避の否認規定」のなかで使われる「不相当」や「不当」という文言（不確定概念）が、あいまいであるにもかかわらず、課税要件明確主義に違反するとはされない理由は、こうした**租税平等主義（納税者間の公平性）を確保するために、租税法律主義の下であえて制定した「法律」（税法）の規定の意味（趣旨目的）が尊重されているから**ということもできます。

明文の規定も置かずに「課税要件」を充足したことにする「解釈」は許されませんが、**租税回避がなされやすい特定の分野について、租税平等主義の観点から「明文の否認規定」を「立法措置」として設けることの必要性については、裁判所も十分に理解をしているということです。**

税務訴訟の内実を理解していただくためにとても重要な考え方になるため、いわば「総論」的な内容として、第1章では読者の方にあるかもしれない「納税の義務に対する誤解」を解くための、税法の世界の「ロジック」を説明してきました。

ここまでの説明で、腑《ふ》に落ちた方もいるかもしれません。もっとも、「租税回避」については、「あいまいだなあ」という疑問がまだ残っている方もいるでしょう。

そこで、第1章の最後である次項では、「租税回避」とは何かについて、それとは異なる「節税」と「脱税」との違いの観点から解説をしたいと思います。

TAX LAW

6 節税、脱税、租税回避の違い

節税と脱税の意味

これまで、租税回避が行われた場合でも、税法の定める「課税要件」の充足がない以上、法の解釈によって課税をすることは許されないことを何度か述べてきました。

租税法律主義は、課税要件を法律で定めることを求めます。逆にいえば、法律に課税要件の規定がないにもかかわらず、課税をすることはできないわけです。納税の義務は、あくまで税法の定める課税要件の充足がある場合にのみ生じるからです。

では、「**租税回避**」とは何を意味するのでしょうか。そのまえに、租税回避と似て異なる「**節税**」と「**脱税**」について、さきに説明しておきたいと思います。

まず「**節税**」ですが、これは**税法が定める規定を上手に活用して、税金を節約すること**です。税法が定めるオプション（選択肢）を前提に、税金がかからない（あるいはかかる税金が減る）方法を納税者が選ぶのは、否定されるべきことではありません。

そればかりか、税務に関する専門家である「税理士」が、依頼者に「税法上採り得る節税の方法」を依頼者の意思決定の参考として提示しないことは、「説明義務違反」とされ、債務不履行《ふりこう》（過失）が認定されるのが、「**税理士損害賠償請求訴訟**」（**税賠《ぜいばい》訴訟**。依頼者が税理士に損害賠償金の支払を認める民事訴訟）における判例の考え方です。

たとえば、所得税法は、土地・建物などの「資産」を「譲渡」したことで得た所得（キャピタル・ゲイン）について、譲渡所得としての課税を定めています。この譲渡所得について所得税法は、「長期譲渡所得」といって、資産の取得から5年を超えてからの譲渡については、半分（2分の1）のみ課税するものと定めています（2分の1課税）。

この規定を前提に、ある資産を所有する納税者が、購入してから5年を経過するまえに他者に売却しようと考えたものの、所得税法の仕組みを知って、売却する時期を5年経過後にすることで、「2分の1課税」を得るのは「節税」といえます。

所得税法という「法律」が問題なく許容する範囲内で、税金を節約しているに過ぎないからです。この点で、**節税は「適法」かつ「妥当」なものである**と説明されることもあります。法律違反もなく、社会的にみても不適切な行為ではないからです。

これに対して、「**脱税**」はどうでしょうか？

脱税については、よいイメージがないと思います。実際、**脱税とは税金を逃れる（逋脱《ほだつ》する）行為を指します**。税法の規定が適用されれば、納税の義務が生じているにもかかわらず、これを逃れる「逋脱」（脱税）は、①得た「所得」を隠したり（**隠蔽《いんぺい》行為**）、②実際には存在しない架空の契約を締結したり（**仮装行為**）することで行われます。

これらの行為について、各税法は「**偽りその他不正の行為**」として構成要件（刑事責任が生じる罰則規定についての犯罪の成立要件の枠組み）を定め、処罰の対象にしています。つまり、**脱税とは「違法」行為であり、刑事責任を問われる「犯罪」**です。刑法の特別法として、各税法でこうした脱税について「罰則規定」を定めています。

納税義務の成立との関係でみると、課税要件を充足する事実（課税要件事実）が現実にはあるのに、これがなかったようにみせる「偽りその他不正行為」を行った納税者には、単に本来納めるべき税金の納付が求められる（追徴《ついちょう》課税をする）だけでなく、懲役刑や罰金刑などの刑罰（刑事罰）もあわせて科されるのです。

脱税はどのように認定されるのか？

脱税の認定は、検察官の起訴による刑事訴訟（刑事裁判）で、「有罪判決」が下されることが必要になります。「**無罪推定の原則**」の下、検察官による立証が必要になるため、捜査のまえに国税局査察部《ささつ》（査察。マル査）による「強制調査」が行われます。

これを引き継いだ検察官が起訴することで、裁判所が有罪または無罪の判断をするのですが、**国税の査察事案における有罪率は、統計上毎年ほぼ100％です。**

これは、起訴されたら「無罪」はあり得ないほど裁判官は「脱税に厳しい」ということではありません。そうではなく、刑事処罰に相当する悪質かつ脱税額の大きい事案を選定して、十分な証拠を得たものについて、厳選した起訴が検察官によって行われていることを意味します。

節税が「適法」かつ「妥当」なものであったのに対し、**脱税は「違法」かつ「不当」なものである**ということができます。税法の定める課税要件を充足する事実があるにもかかわらず、これを故意に隠蔽《いんぺい》したり仮装《かそう》したりすることは、社会的にみても適切といえないからです。

租税回避とはどのような行為を指すのか？

このように、法律からみても社会的にみても「問題のない」節税と、どちらからみても「問題のある」脱税の比較は、わかりやすかったと思います。

こうして本題になりますが、**「租税回避」は、両者の中間にあるもの**になります。適法か違法かといえば、違法ではありません。では、法律が禁止する行為（犯罪）ではない「租税回避」とは、どのような行為を指すのでしょうか。

その定義は、税法に規定があるわけではなく、学説によって整理されてきたものです。一般には、現在の通説的見解で考えると、「**特定の経済目的は達成しながらも、課税要件の充足を免れるために、通常は行わない迂遠《うえん》な行為をすることである**」と説明されています。

たとえば、本書でも紹介した「武富士事件」では、贈与税の課税要件の充足を免れるため、当時の相続税法が、国外財産の贈与については、受贈者《じゅぞうしゃ》（贈与を受けた者）の住所が「国内」（日本）にあることを課税要件としていたことを逆手にとって、住所を香港（国外）に移してから、国外財産（武富士の株式が資産の8割を占めるオランダ法人の出資持分）

を贈与しました。

当時の相続税法の規定からは贈与税が課税されない（贈与税の課税要件を充足しない）方法を選択して、香港に引っ越しをすること（香港法人の役員にも就任させています）は、何ら違法ではありません。**「居住《きょじゅう》・移転の自由」**は、憲法で国民に保障されているからです。そして、引っ越しをする目的は問われません。

しかし、その目的は明らかに**「1000億円の贈与税を免れること」**にありました。これは、もしこうした住所移転をせずに（もとをただせば、国外財産にすることもせずに）、単に武富士の株式を贈与したのであれば、課税要件を充足して贈与税の納税義務が生じていたわけですから、「租税回避行為」をしなかった納税者との間で「平等」（公平）とはいえません。

この点で、社会的にみて適切な行為とはいえないでしょう。「租税平等主義」の観点から実質的にみると、妥当とはいえないということです。しかし、**「租税平等主義」は「租税法律主義」に優先されます**。

租税回避を目的として、あえて国外に住所を移してから贈与をする行為を防止し、日本の贈与税を課したいのであれば、法改正をして、たとえば「過去10年内に日本に住所があった場合でも贈与税を課すことができる」というように、課税要件を立法上変えればよいのです。それが、まさに租税法律主義に合致する「租税立法」のあり方ともいえるでしょう。実際、現在の相続税法では、そのように改正されています。

節税が「白」であり、脱税が「黒」であると表現するならば、その中間にある租税回避は「グレー（灰色）」といえます。しかし、なぜグレーなのかといえば、違法ではないけれど、社会的にみれば「ほめられた行為ではない」からです。

ある意味、専門家の知恵を活用することで、現行法の限界に挑む行為といえますが、特に知恵を活用することなく、同じ経済目的を達成するために通常とられる方法をとった者には税金が課せられることになりますから、不公平感は否めません。

こうして、**租税回避は「適法」ではあるものの、「不当」な行為である**と説明されます。しかし、「不当」な（社会的にみて適切ではない）行為でも、税法の定める課税要件の充足はないわけですから、租税法律主義の下で「納税の義務」は生じないのです。

税法には、分野を限定した「一般的否認規定」がある

こうした**問題に対処するためには、立法が知恵を働かせ、頻出する分野の租税回避を防止する「否認規定」を設けることが必要です。**いわば「**後《あと》追《お》い的《てき》**」になってしまうわけで

すが、「租税法律主義」と「納税の義務」の関係を、誤解なく正確に理解したうえで考えれば、この方法が全《まっと》うであることになります。

こうして、日本の税法においてもさまざまな「否認規定」がすでに定められています。しかし、これらは分野を限定した（租税回避行為が行われやすい場面について定めた）うえでの「**一般的否認規定**」になっています。これに対して、「分野を定めない『一般的否認規定』を設けるべきではないか」という議論もあります。諸外国では、分野を限定しない「**一般的租税回避否認規定**」を定めている立法例も多いからです。

もっとも、そのような規定があっても、その要件（課税要件）の充足をめぐって納税者は見解を異にする課税庁と争い、国に訴訟を起こす図式は変わりません。

すでにみた「不相当に高額」や「税の負担を不当に減少させる結果」のようなあいまいな文言が、否認規定には必要になります。そうであれば、そのあいまいさを税法全般に拡げるような「一般的否認規定」を設けても、不透明な課税を呼び起こし、税務訴訟が増えるだけになるかもしれません。

どのような租税立法を行うべきかは「立法政策」の問題であり、「税務訴訟」を扱う本書の対象ではありませんので、租税回避を否認する立法措置の方法については、議論の紹介にとどめたいと思います。

BUKININARU

第１章 まとめ

第１章では、「納税の義務に対する誤解」として一般に考えられがちな思考から始め、憲法が定める「租税法律主義」と「納税の義務」の関係について、重要なロジックを説明しました。

税務訴訟の実際に迫る本書においては、こうした「税法総論」的な部分の説明は、あまり詳細にすべきではないのかもしれない。どうするか悩みましたが、やはり避けては通れないと判断しました。第１章でみてきた考え方は、税務訴訟の本質を理解するために、とても重要になるからです。

それは、**「課税要件」という「納税の義務」（納税義務）が生じるための「法」の仕組みを正確に押さえることで、どのような場合に「納税義務」が生じるのか**をつめて考える、税法の世界における「重要なロジック」であるともいえます。

このような「ロジック」の重要性を理解することができれば、「租税法律主義」の内容である「課税要件法定主義」も「課税要件明確主義」も「合法性の原則」も、具体的な意味をもつものとして、とらえることができるようになるでしょう。

また、「租税法律主義」とは異なる観点から憲法が要請するものと考えられている**「租税平等主義」についても、その重要性は理解しつつも両者が衝突する場面では、断然に「租税法律主義」が「強い効力」をもつ**ことも述べました。

こうして、社会的にみて好ましくはないものの、「違法」ともいえない「租税回避」は、感情的に許せない（ずるい）という発想では対応ができない問題であり、租税立法（税法の改正）によって、課税要件を拡充することで対応することが、税法の「重要なロジック」にかなうことになるのです。

税法入門のような「税法」全般の教科書ではない本書では、学問上の用語や概念の説明は不要かもしれません。しかし、それでも、「納税の義務に対する誤解」を解く「重要なロジック」の理解は、税務訴訟の実際を知るために必要になります。

読者の方は、第1章で述べてきた、税法の世界における「重要なロジック」をぜひ頭に入れておいていただければと思います。本書でこれからその核心に迫っていくことになる「税務訴訟の実際」を知る際の「大きな羅針盤」となるはずです。

次章では、実際の統計データなどをみながら、「国税と争う税務訴訟の現実」についてみていきたいと思います。

参考文献等

- 泉徳治「判解」最高裁判所判例解説民事篇昭和60年度74頁
- 金子宏『租税法〔第24版〕』（弘文堂、2021年）
- 金子宏「大嶋訴訟について―給与所得課税のあり方―」税大ジャーナル5号（2007年）1頁
- 木山泰嗣『教養としての「税法」入門』（日本実業出版社、2017年）
- 木山泰嗣『入門課税要件論』（中央経済社、2020年）
- 木山泰嗣『武器になる「法学」講座』（ソシム、2021年）
- 木山泰嗣『超入門コンパクト租税法〔第2版〕』（中央経済社、2022年）
- 木山泰嗣『リーガルマインドのあたらしい教科書』（大蔵財務協会、2022年）

・佐藤英明「租税法律主義と租税公平主義」金子宏編『租税法の基本問題』（有斐閣、2007年）55頁
・谷口勢津夫『租税回避論―税法の解釈適用と租税回避の試み』（清文社、2014年）
・東京国税局査察部「令和3年度　査察の概要」（令和4年6月）
・本部勝大『租税回避と法―GAARの限界と解釈統制』（名古屋大学出版会、2020年）

COLUMN

税務訴訟にかかわる人たち❶
――裁判官――

一般の民事訴訟の多くは「和解」で終わり、裁判官が「判決」を書く必要はありません。原告と被告の諍《いさか》いの間に入る、いわば仲裁役を担っています。

ところが、税務訴訟はそうはいきません。法律に基づく課税のみが許容される「租税法律主義」との関係から、当事者の合意で税金を減額するような和解は、原則としてできないのです。

税務訴訟では、第１審から３人の裁判官による合議制となります。一般の民事訴訟の第１審は、裁判官１人の単独制も多いです。これが税務訴訟のような行政訴訟となれば、裁判官は必ず合議制でのぞみます。

税務訴訟の第１審は、東京地裁が多いです。国を被告とする訴訟の管轄《かんかつ》は、全国どの税務署の処分でも、東京地裁にあるからです（納税者の選択で、処分をされた地域の地裁に提訴することも可能）。

東京地裁には、行政事件を専門に扱う「専門部」が４つあります。裁判長は、税務訴訟の「最高裁判決」に調査官としてたずさわった経験者が多いです。

第2章

国税と争う税務訴訟の現実

現実を知ることが重要だ。スタンダールの『恋愛論』は理論に過ぎない。もちろん、理論を知れば「ある体系」の全体像はきっと整理できる。でも、それだけでは「本の人」になってしまう。さて、現実はいかに？

TAX LAW

1 税務訴訟の勝訴率は？

課税処分などの取消しを求める「税務訴訟」ですが、国税庁が毎年6月に最新の統計データを公表しています。具体的には、「**訴訟の発生状況**」と「**訴訟の終結状況**」です。直近の公表資料（国税庁「令和3年度における訴訟の概要」令和4年6月）からわかる内容は、次のとおりです（なお、「年度」とは4月1日から翌年3月31日を指します）。

税務訴訟の発生状況は？

まず「訴訟の発生状況」（115頁図表参照）ですが、税務訴訟の発生件数は決して多いものではありません。直近10年でみると、新規の提訴が毎年200件程度あるというイメージでしょうか。

過去10年での最多は平成24年度（2012年度）の340件で、最少は令和2年度（2020年度）の165件となっています。

最新の年度（令和3年度（2021年度））は、189件となっています。**前年度比で14・5％増となっているのは、コロナ下で減少していた税務調査が回復したことが原因と考えられます。**

内容の内訳をみると、令和3年度（2021年度）は、所得税59件、法人税42件、相続税・贈与税17件、消費税25件、その他8件となっており、「課税関係」が151件で多数を占めています。その他は、「徴収関係」が35件、「審判所関係」が3件となっています。

この内訳からは、**国税の主要税目（所得税、法人税、相続税、贈与税、消費税）について争われる税務訴訟が多くある**ことがわかると思います。

税務訴訟の終結状況は？

次に「訴訟の終結状況」（116頁図表参照）ですが、国税の敗訴件数（納税者の勝訴件数）は毎年20件程度で、国税の敗訴割合（納税者の勝訴割合）が毎年数％程度になっています。

年により細かな数値の変動はありますが、最新の令和３年度（２０２１年度）をみると、１９９件の終結件数に占める「国税の敗訴件数」は13件となっており（その割合は６・５％）、うち「全部敗訴」が７件、「一部敗訴」が６件という数値です。

「国税の敗訴」を中心に統計データの説明はされていますが、「納税者の勝訴」とイコールになりますので、納税者からみた数字で考えると、税務訴訟における納税者の勝訴率（**認容率**《にんようりつ》）は、令和に入ってからでみると、令和元年度（２０１９年度）が９・７％、令和２年度（２０２０年度）が７・８％、令和３年度（２０２１年度）が６・５％ということで、あまり高い認容率ではないことがわかります。

この割合（認容率・勝訴率）には、納税者の請求が全部ではなく一部のみ認められたものも含められているため、全部の請求が認められる事例はとても少ないということも、わかります。

訴訟の発生状況

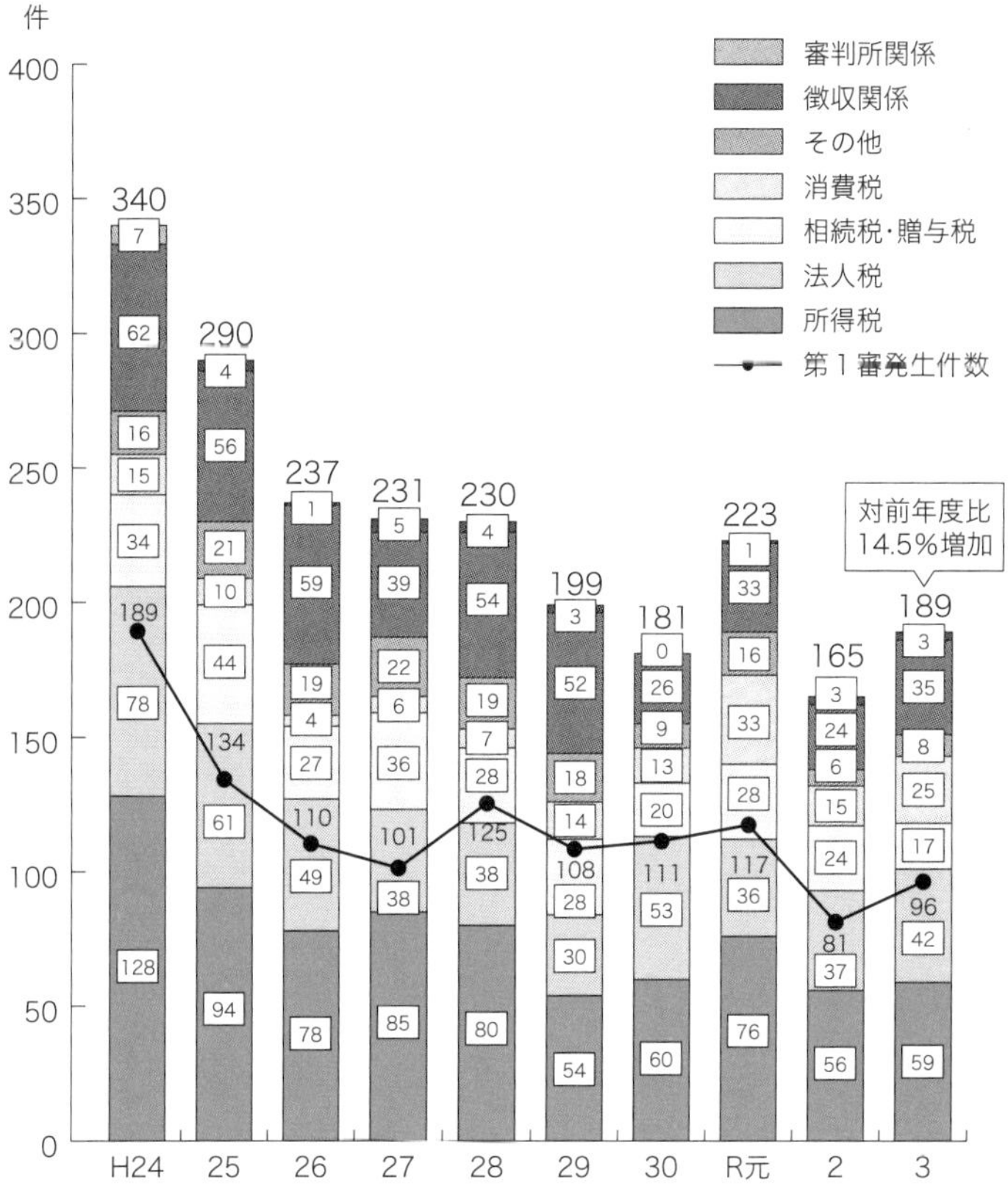

（注）年度は４月１日から翌年３月31日までです

出典：国税庁「令和３年度における訴訟の概要」

訴訟の終結状況

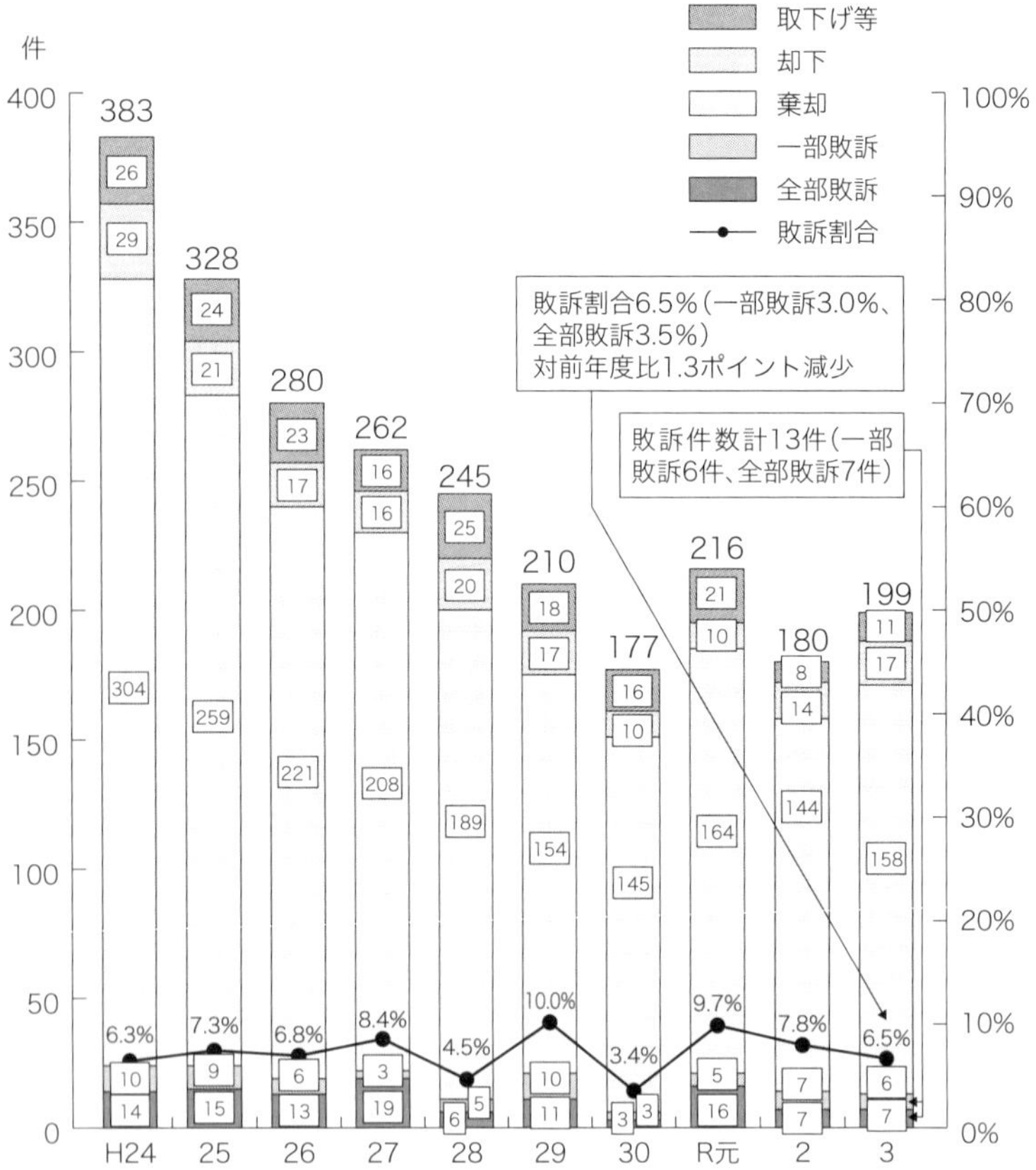

(注)年度は４月１日から翌年３月31日までです

出典：国税庁「令和３年度における訴訟の概要」

TAX LAW

2

審査請求の認容率はどのくらいか？

税務訴訟のまえに行う審査請求

税務訴訟を提起するまえには、「行政不服申立て」としての「**審査請求**」を行う必要があります（詳細は、第4章3参照）。

審査請求での「標準審理期間」は1年とされており、ほとんどの事件が1年で決着します。国税不服審判所長が下す「裁決《さいけつ》」によって結論が出るものです。

審査請求についても、毎年6月に国税不服審判所が統計データを公表しています。具体的には、「**審査請求の発生状況**」と「**審査請求の処理状況**」からなります。

直近の公表資料（国税不服審判所「令和3年度における審査請求の概要」令和4年6月）からわかる内容は、次のとおりです（なお、「年度」は「訴訟」と同様に4月1日から翌年3月31日を指します）。

審査請求の発生状況

まず「審査請求の発生状況」（121頁図表参照）ですが、訴訟よりも簡易で費用もかからず手続が可能な「審査請求」の新規の発生件数は、毎年2000〜3000件程度になっていることがわかります。

最新の令和3年度（2021年度）における発生件数は、2482件で、前年度と比べて11％増になっていますが、これも「訴訟」と同様で、コロナ下により減少していた税務調査が回復したことの影響と考えられます。

内容の内訳をみると、令和3年度（2021年度）で2390件ある「課税関係」については、「申告所得税等」（申告所得税及び復興特別所得税）が770件、「源泉所得税等」（源泉所得税及び復興特別所得税）が53件、「法人税等」（法人税、地方法人税及び復興特別法人税）が５３８件、「相続税・贈与税」が１５７件、「消費税等」（消費税及び地方消費税）が８５８件、「その他」が14件となっています。それ以外には「徴収関係」が92件となっており、合計で２４８２件でした。

この内訳からは、**国税の主要税目のうち消費税が最も多く、所得税、法人税も含めた３税目が、それぞれ５００件以上と多数であること**がわかるかと思います。

審査請求の処理状況

次に「審査請求の処理状況」（１２２頁図表参照）ですが、納税者の請求が何らかのかたちで認められた「認容件数」は２００〜４００件程度で、その「認容割合」（認容率）は毎年７〜13％程度になっています。

訴訟と同様に、審査請求についても年により数値の変動はありますが、最新の令和３年度（２０２１年度）をみると、２２８２件の処理件数に占める「認容件数」は２９７件となっており（その割合である認容率は13・０％）、うち「全部認容」が１６０件、「一部認容」が１３７件という数値です。

国税不服審判所が定める「標準審理期間」は1年ですが、その運用はかなり徹底されており、令和3年度（2021年度）の審査請求の1年以内の処理件数割合は、92・6％になっています。

納税者の請求が審査請求で認容された割合（認容率）は、令和に入ってからでみると、令和元年度（2019年度）が13・2％、令和2年度（2020年度）が10・0％、令和3年度（2021年度）が13・0％ということで、税務訴訟と比べると高い認容率であることがわかります。

認容率には納税者の請求の一部のみが認められたものも含められていますが、全部の請求が認められる件数も相当程度あります。

年度により100件を超えることもあり、毎年数十件以上の全部認容がなされています（最も少ない年度でも37件〔平成27年度（2015年度）〕、最も多い年度では160件〔令和3年度（2021年度）〕あります）。

この認容件数の多さが、審査請求の特色といえるでしょう。

審査請求の発生状況

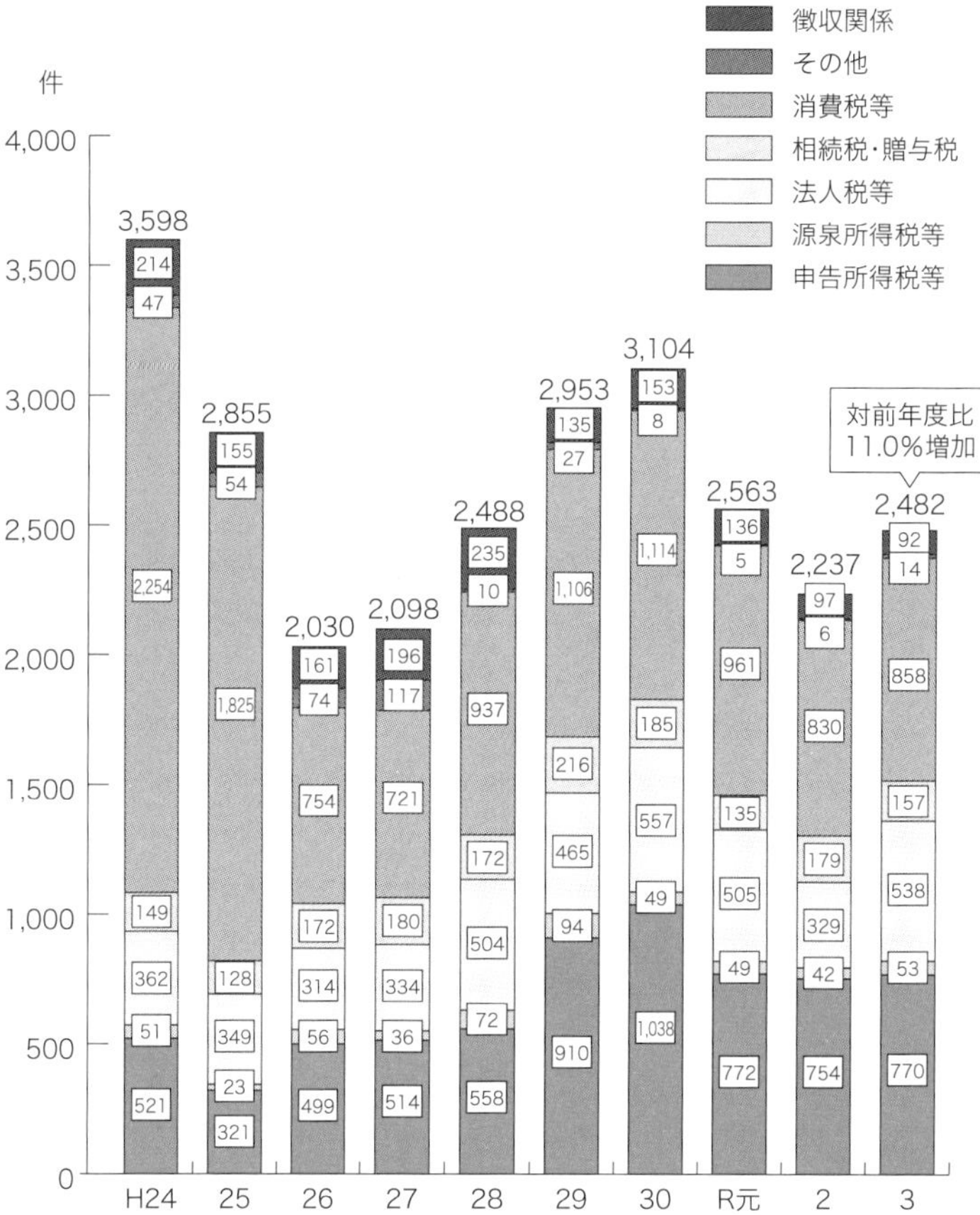

(注)年度は４月１日から翌年３月31日までです

出典：国税不服審判所「令和３年度における審査請求の概要」

審査請求の処理状況

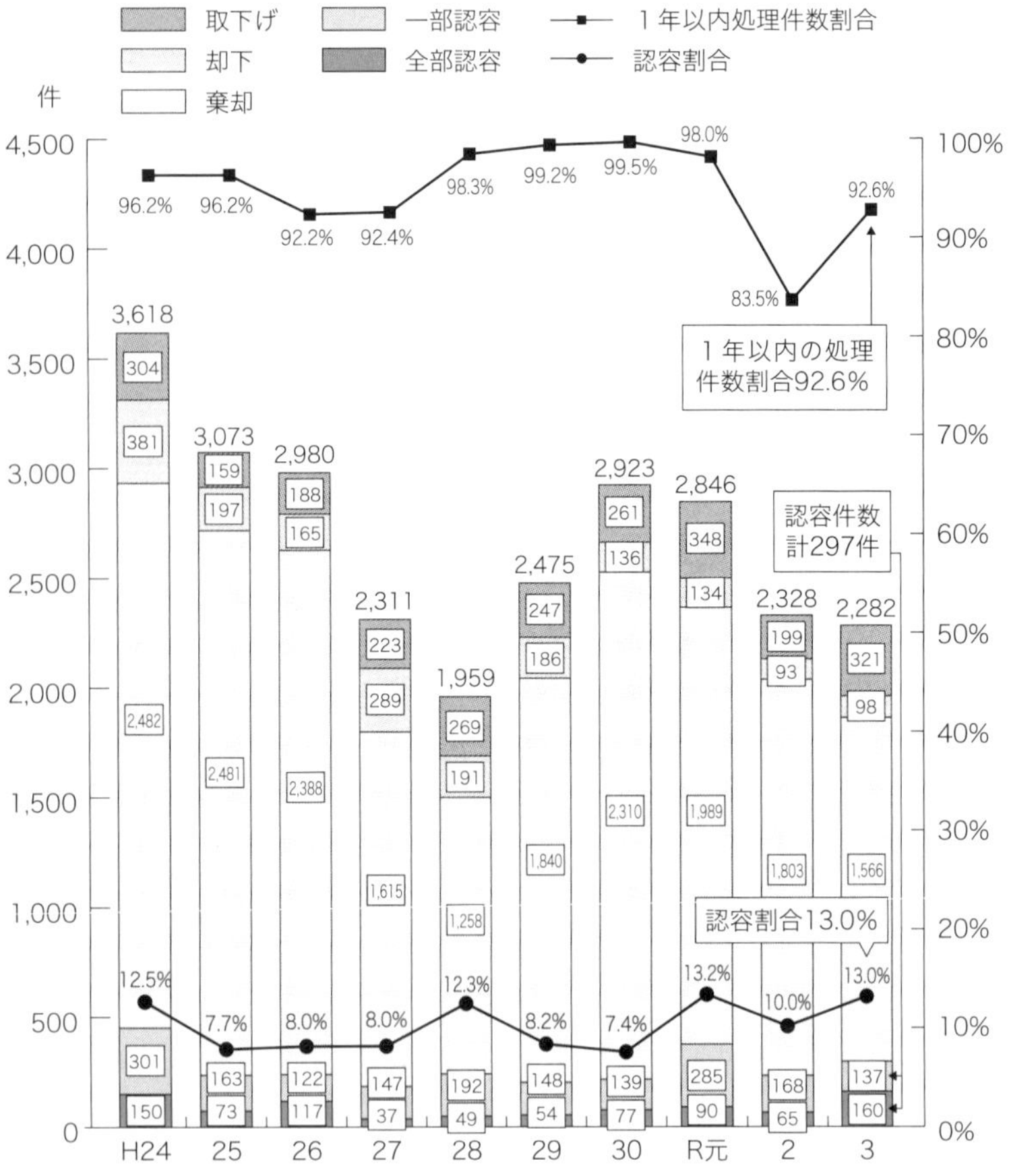

(注)年度は4月1日から翌年3月31日までです

出典：国税不服審判所「令和３年度における審査請求の概要」

TAX LAW

3 再調査の請求の認容率はどのくらいか？

再調査の請求とは？

税務訴訟を提起するまえに行われる行政不服申立ては、「審査請求」のほかに「**再調査の請求**」もあります（詳細は、第4章3参照）。

再調査の請求は、課税処分などを行った税務署長に再考《さいこう》を求める手続です。2014年（平成26年）に法改正があるまで、「**異議申立て**」と呼ばれていたものになります。

「標準審理期間」は3か月とされており、ほとんどの事件が3か月で決着します。所轄税務署長が下す「再調査決定」によって結論が出るものです。

再調査の請求についても、毎年6月に国税庁が統計データを公表しています。具体的には、「**再調査の請求の発生状況**」と「**再調査の請求の処理状況**」からなります。

直近の公表資料（国税庁「令和3年度における再調査の請求の概要」令和4年6月）からわかる内容は、次のとおりです（なお、「年度」はこれまでみた「訴訟」や「審査請求」と同様に、4月1日から翌年3月31日を指します）。

再調査の請求の発生状況

まず「再調査の請求の発生状況」（127頁図表参照）ですが、訴訟よりも簡易で費用もかからず手続が可能な「再調査の請求」の新規の発生件数は、年により振れ幅がそれなりにありますが、毎年1000～3000件程度になっています。

最新の令和3年度（2021年度）における発生件数は1119件で、前年度と比べて11・9％増になっていますが、これも他の「訴訟」や「審査請求」と同様で、コロナ下により減少していた税務調査が回復したことの影響と考えられます。

内容の内訳をみると、令和3年度（2021年度）で1065件ある「課税関係」については、「申告所得税等」（申告所得税及び復興特別所得税）が361件、「源泉所得税等」

（源泉所得税及び復興特別所得税）が20件、「法人税等」（法人税、地方法人税及び復興特別法人税）が199件、「相続税・贈与税」が57件、「消費税等」（消費税及び地方消費税）が427件、「その他」が1件となっています。それ以外には「徴収関係」が54件となっており、合計で1119件でした。

内訳から、**国税の主要税目のうち消費税が最も多く、所得税、法人税も含めた3税目が、それぞれ約200件以上あること**がわかるかと思います。

再調査の請求の処理状況

次に「再調査の請求の処理状況」（128頁図表参照）ですが、納税者の請求が何らかのかたちで認められた「認容件数」は年により処理件数が異なり、80～300件程度と振れ幅は大きいですが、その「認容割合」は毎年6～12％程度になっています。

再調査の請求は、最新の令和3年度（2021年度）をみると、1198件の処理件数に占める「認容件数」は83件となっており（その割合である認容率は6・9％）、うち「全部認容」が3件、「一部認容」が80件という数値です。

再調査請求の「標準審理期間」は3か月ですが、その運用は徹底されており、令和3年度（２０２１年度）の再調査の請求の３か月以内の処理件数割合は１００％を記録しています（過去10年でみると、１００％は令和３年度（２０２１年度）のみですが、それ以外の年度も毎年90％を超えています）。

納税者の請求が再調査の請求で認容された割合（認容率）は、令和に入ってからでみると、令和元年度（２０１９年度）が12・４％、令和２年度（２０２０年度）が10・０％、令和３年度（２０２１年度）が６・９％ということで、審査請求と比べるとやや低い認容率であることがわかります。

再調査の請求は、課税処分などを行った税務署長に再考を求めるものであることから、全部の請求が認められる件数は多くはありません。

特に直近２年でみると、令和３年度（２０２１年度）は３件、令和２年度（２０２０年度）は４件しかありませんでした。もっとも、それ以前の８年度では約20〜70件の全部認容がありましたので、一定したものとまではいえません。

再調査の請求の発生状況

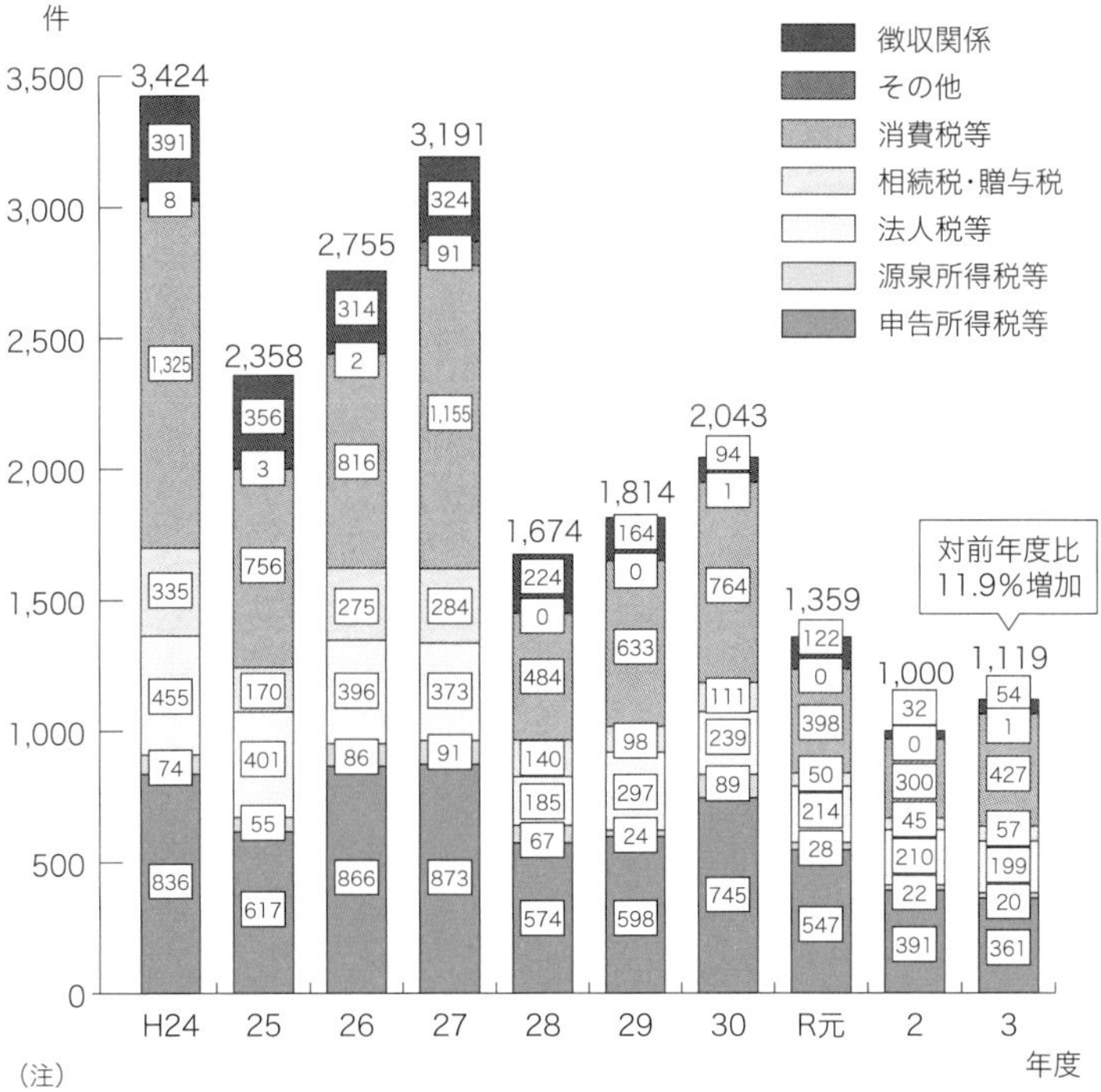

（注）
1　年度は４月１日から翌年３月31日までです
2　不服申立制度が平成28年４月１日から改正され、税務署長等への「異議申立て」が「再調査の請求」に改められました。そのため、平成27年度以前については、「異議申立て」です。なお、平成28年度以降についても、税務署長等の処分が平成28年３月31日以前に行われている場合は、「異議申立て」です
3　青色申告書に係る更正等以外の処分について、上記の不服申立制度の改正前においては、処分をした税務署長等への異議申立てを経なければ審査請求を行うことができませんでしたが、改正後においては、処分が平成28年４月１日以後に行われている場合は、選択により、再調査の請求を行わずに、直接、国税不服審判所長に対する審査請求を行うことが可能となりました

出典：国税庁「令和３年度における再調査の請求の概要」

再調査の請求の処理状況

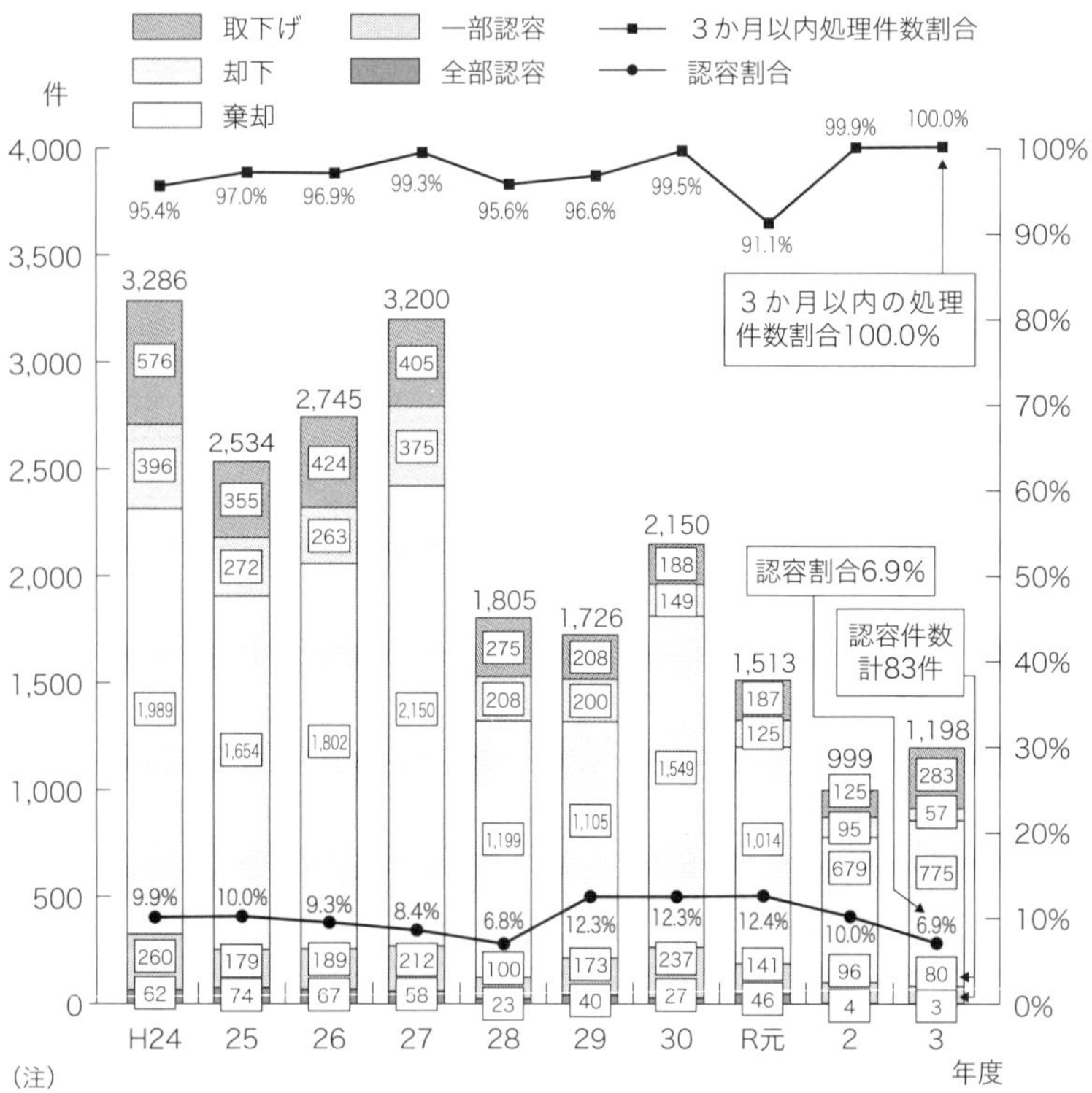

（注）
1　年度は4月1日から翌年3月31日までです
2　不服申立制度が平成28年4月1日から改正され、税務署長等への「異議申立て」が「再調査の請求」に改められました。そのため、平成27年度以前については、「異議申立て」に係るものです。なお、平成28年度以降についても、税務署長等の処分が平成28年3月31日以前に行われている場合は、「異議申立て」に係るものです
3　青色申告書に係る更正等以外の処分について、上記の不服申立制度の改正前においては、処分をした税務署長等への異議申立てを経なければ審査請求を行うことができませんでしたが、改正後においては、処分が平成28年4月1日以後に行われている場合は、選択により、再調査の請求を行わずに、直接、国税不服審判所長に対する審査請求を行うことが可能となりました

出典：国税庁「令和3年度における再調査の請求の概要」

4 税務訴訟のほうが認容されやすいケースとは？

司法の判断の「税務訴訟」、行政の判断の「不服申立て」

このように、課税処分などに納得がいかない納税者が、国を被告とした税務訴訟を提起する前段階として手続が必要な「**不服申立て**」（**行政不服申立て**）として、国税不服審判所での「**審査請求**」があります。

さらに、納税者の選択次第で、そのまえに手続が可能な（第4章3参照）課税処分などを行った税務署長に対する「**再調査の請求**」も、納税者が課税庁と異なる見解を有する場合に「争う方法」としてあります。

司法の判断になる「税務訴訟」と行政による判断になる「不服申立て」とを比較すると、

それぞれに一長一短があります。

そこで、まずは裁判所で審理がなされ、裁判官の下す判決で結論が示されることになる「税務訴訟」を提起したほうがよい場合を述べたいと思います。

税務訴訟を提起したほうがよいケース

税務訴訟を提起したほうがよい場合とは、比較をした際に、**不服申立てによる場合よりも納税者の請求が認容されやすいケース**を指します。

税務訴訟のほうが認容されやすいケースを類型化すると、次の場合が挙げられます。

①憲法上の問題を争う場合
②通達規定の効力を争う場合
③同種の課税処分がなされている場合
④法解釈を争う場合
⑤従来の課税実務と異なる主張をする場合

律」（税法）の解釈・適用として正しいといえるかです。その際に、通達規定は行政解釈に過ぎず、これまでみてきたように裁判所は拘束されることなく税法解釈を行うのです。

③同種の課税処分がなされている場合

「③同種の課税処分がなされている場合」というのはやや漠然としていますが、**課税庁（国税当局）は、一定の方針をもって同時期に同種の追徴課税を行うことがあります。**

過去には、「ストック・オプション訴訟」や「航空機リース訴訟」と呼ばれるものが全国各地で提起されました。これらは、課税庁による目的をもった同種の課税処分がなされたことに起因するものでした。

こうした同種課税がなされた場合に、審理されるのは「**課税処分などが税法の解釈・適用として正しかったかといえるか**」になります。

行政機関が判断する「不服申立て」においても、**納税者が争う行政処分が、「税法の解釈・適用」として正しかったかどうかを判断します。**

といっても、同種課税は課税庁において目的をもって行われています。これを同じ行政機関（国税不服審判所、税務署）が「ＮＯ」といってくれるかというと、現実にはむずかしいと言わざるを得ません。

これに対して裁判所は、行政機関とは分立しており、国の「司法」を担っています。したがって、課税庁の方針にかかわらず、純粋に「法の解釈・適用」の観点から判断がなされます。

④法解釈を争う場合

この点で、同種課税の有無にかかわらず、**「④法解釈を争う場合」は、基本的には不服申立てよりも裁判所のほうが、適切な救済を期待しやすい**といえます。

「法の解釈・適用」は、行政機関による行政処分の際にも行われますが、三権分立の下では「それが適法だったといえるか」について、行政機関も裁判所から審査を受ける立場にあります。

また、不服申立てとしての「審査請求」をした際に、国税不服審判所（審判所）で下される「裁決」は、担当する審判官の見解だけでは結論が下されません。現実には、全国どの審判所でも「裁決」を下すのは「**国税不服審判所長**」になっており、行政機関の最終判断として下されるものになっています。

そのため、税法の解釈といっても、通達規定や同種課税の有無にかかわらず、自ずと税法規定から純粋な解釈がなされるというよりも、**行政機関としての税法解釈がなされる傾向にあることは否《いな》めません。**

これらは繰り返し過去の「裁決」においてなされているため、**過去の裁決と異なる行政解釈がなされることは期待できません。**このような理由から、法解釈を争う場合は、不服申立てよりも税務訴訟のほうが認められやすいことになります。

⑤従来の課税実務と異なる主張をする場合

最後に、「⑤従来の課税実務と異なる主張をする場合」ですが、通達規定の有無にかかわらず、**税務行政として課税庁が採用してきた考え方**（**課税の方法についての指針**）があります。

これらは明文化されていない場合もありますが、国税庁の発信するQ＆Aやウェブサイト等を通じて、「税務の取扱い」が文書のかたちで示されている場合もあります。税務の取扱いとは、租税法律主義の下では、**課税庁が採用する税法解釈に基づく具体的な税務処理であり、課税上の扱い**を意味します。

序章でみた「年金二重課税事件」が、従来の課税実務を争う訴訟であったことはすでにみました。こうした納税者の主張が、「不服申立て」で認められることはまずありません。

課税処分などを争うためには、「不服申立て」（最低でも審査請求）をまず行う必要があることを考えると（第4章参照）、従来の課税実務が「税法の解釈」として誤っていたと主張する納税者は、税務訴訟を通じた裁判所での戦い（最終的には最高裁）を目指して、長期戦を覚悟したうえで争っていく必要があることになります。

このように「税務訴訟のほうが認容されやすいケース」がある一方で、そうではないケースもあります。それは、「不服申立てのほうが認容されやすいケース」です。

この点は、次項で述べます。

TAX LAW

5

不服申立てのほうが認容されやすいケースとは？

税務訴訟のほうが、納税者の請求は認められやすいのか？

「不服申立て」は、行政機関による判断です。

前項でみた5つのケースをみると、不服申立てよりも税務訴訟のほうが、納税者の請求が認められやすいように思われるかもしれません。

しかし、ここで統計上のデータを思い出してみましょう。**納税者の請求が認められた件数は「不服申立て」（審査請求・再調査の請求）のほうが圧倒的に多く、その認容率をみても、「税務訴訟」よりも不服申立てのほうが平均的に高値でした。**

令和時代の3年度分をみるだけでもこの点は明瞭でしょう（次頁の図表参照）。

不服申立てと税務訴訟の認容件数・認容率比較（令和時代）

		不服申立て		税務訴訟
		再調査の請求	審査請求	
令和元年度（2019年度）	認容件数	187件	375件	21件
	認容率	12.4%	13.2%	9.7%
令和２年度（2020年度）	認容件数	100件	273件	14件
	認容率	10.0%	10.0%	7.8%
令和３年度（2021年度）	認容件数	83件	297件	13件
	認容率	6.9%	13.0%	6.5%

そうすると、納税者が課税庁と争う場としては、認容件数・認容率の観点からみれば、**行政機関に対する「不服申立て」のほうが圧倒的に「救済されやすい」といえます。**

どのようなケースの「不服申立て」が認容されやすいのか？

もっとも、どのようなケースの「不服申立て」が認容されやすいのかといえば、基本的には次の２点に限られるという現実があります。

①　事実認定を争う場合
②　個別事例の処理に過ぎない場合

前項で挙げた５つのケースと異なり、統計上のデータからは、圧倒的に「救済されやすい」とも思われる「不服申立て」では、現実には「①事実認定を争う場合」と「②個別事例の処理に過ぎない場合」に限って主張が認められるということです（なお、両者をあわせて「**個別の事実認定を争う場合**」とまとめることもできます）。

憲法上の議論をするものや、通達の効力を争ったり税法の解釈を正面から争ったりするようなものは、裁判所の「税務訴訟」で戦う必要がありました。残った争いは、「事実認定」の問題になるということです。

法的三段論法によってプロセスがチェックされる

課税処分などの行政処分の適法性を判断する場合、いわゆる「**法的三段論法**」によって1つひとつのプロセスがチェックされることになります。

① 大前提：法解釈（法の定める条文の意味内容を明らかにし「法規範」を定立《ていりつ》する）
② 小前提：事実認定（証拠に経験則を照らし「事実」を認定する）
③ あてはめ：②認定事実を①法規範に適用して、結論を出す

不服申立てと税務訴訟は、ともにこの3つのプロセスから判断されます。

しかし、「①大前提」としての「法解釈」は、これまでみたように**裁判所が圧倒的に強い**のです。

法の意味内容を明らかにするのが「**法解釈**」であり、明らかにした法内容（**法規範**）に、当該事例において証拠によって認定された事実を「あてはめ」るのが「**法の適用**」になります。こうした「**法の解釈・適用**」は、司法権を担う裁判所が専門とするところだからです。

「法」を扱う専門機関は「司法府」である裁判所なので、当然といえば当然といえるかもしれません。むしろ、**「不服申立て」が、本来「司法判断」として行われる「裁判」の機能を行政機関に担わせているもの**なのです。

憲法は、行政機関による裁判が「終審《しゅうしん》（最終的な判断）」として行われることを禁じています。そこで、「不服申立て」（審査請求・再調査の請求）の判断（結論）に不服のある納税者は、司法裁判所にさらに救済を求めて「税務訴訟」を提起できるという図式です。

「法」の解釈・適用が本来「司法判断」であるのに対し、「②小前提」としての「事実認定」については、**法を解釈することで定立された「法規範」に「適用」するための、事例ごとの「事実」の確定作業になります。**

もちろん、裁判所も「司法」を担う前提として、個別事例の「事実の認定」（事実認定）を行います。ただ、事実認定は、証拠を経験則に照らして個別事例における「事実」の確定作業に過ぎません。

この意味で考えれば、「事実認定」は、企業の不祥事が明るみになった場合に設置される第三者委員会でも行っています。組織の内部で問題が生じた場合に、内部の調査委員会などがヒアリングなどを通じて行うこともあります。

この点で、「法」の内容を過去の判例も参照しながら明らかにしていく「法解釈」と比べると、「事実認定」は必ずしも「法の番人」である司法府（裁判所）でなければならない作業とはいえないでしょう。

行政機関でも、税務調査によって税務署（あるいは国税局）が収集した「証拠」をもとに、その納税者に起きた一定期間における「事実」を認定することはできるからです。

この点で、**不服申立てにおいて「個別の事実認定を争う場合」に請求が認められやすい**

のは、行政機関でも十分に可能な作業であるからという点が、1つ挙げられます。

不服申立てと税務訴訟とでは、「事実認定の方法」が異なる

もう1つ挙げると、実際の仕組みとしてみたときに、**「不服申立て」と「税務訴訟」とでは「事実認定の方法」に異なる点もある**のです。

裁判では「**厳格な証明**」が求められます。そのため、契約書や稟議書《りんぎしょ》などの事件当時から存在していた文書としての「**客観証拠**」が、極めて重要になります。

この点で、人の体験や記憶をあとから再現する「**供述証拠**」に依拠しないと納税者の主張が認められないような争いをする事例では、「税務訴訟」で納税者が勝訴することがむずかしくなります。

なぜでしょうか。それは、次の理由になります。

そもそも、裁判では「証拠」の提出（立証）は、裁判の当事者（原告・被告）の責任とされているため（**当事者主義・弁論主義**）、納税者に有利な証拠は自ら収集して提出しなければなりません。**税務の争いでは、課税処分などがなされる時点で、すでに税務調査に**

税務訴訟と不服申立ての事実認定の方法の違い

税務訴訟	不服申立て
裁判では「厳格な証明」が求められる	厳格な証拠調べの手続がない
▼	▼
文書としての「客観証拠」が極めて重要（供述証拠での勝訴はむずかしい）	担当審判官が必要と判断すれば、供述の内容を「調書」にまとめて証拠化してくれる

よって課税庁に有利な証拠が大量に収集されています。

これを前提に税務署長による課税処分などがされているのですから、「事実認定」という観点だけでみると、そこには納税者に有利な証拠がそもそも少ないのが通常なのです。

それにもかかわらず、「事実認定」で課税処分などを争う場合、納税者は、税務調査の段階ではなかったような証拠を収集して提出する必要がでてきます。この時点で納税者に有利なものといえば、多くは人の体験や記憶である「供述証拠」になってしまいます。

しかし裁判では、「当事者尋問《じんもん》」あるいは「証人尋問」という法廷での厳格な審理を経て、その供述を証拠として採用するに値するかが審査されます。裁判所に尋問などの申請をして、採用されたとしても、その当事者や証人は、裁判の相手方当事者（税務訴訟でいえば、課税庁である国の代理人＝訟務《しょうむ》検事）から、法廷で強力な反対尋問を受けることになります。

ところが、**不服申立ての場合には、こうした厳格な証拠調べの手続がない**のです。裁判と異なり、不服申立てでは、職権で証拠調べがなされます（**職権主義**）。

たとえば「審査請求」では、国税不服審判所の担当審判官が事件の審理に必要であると考えれば、事件の関係者を審判所の会議室に呼び出して話を聞きます。**それを「調書」にまとめることで、担当審判官が「供述」の内容を証拠化してくれます。**

そこに納税者に有利な「供述」があるのであれば、反対尋問などの厳格な手続のある裁判よりも簡単に「事実認定」がされやすいという構造があるのです。

このように、裁判である「税務訴訟」と行政機関による「不服申立て」では、**事実認定の方法に異なる側面があります。**そして、「個別の事実認定を争う場合」には、課税処分などの課税庁による行政処分に違法性を認めてこれを取り消したとしても、他に大きな影響が生じることもありません。あくまで、その納税者についての「個別事例の判断」として行われたに過ぎないものだと説明できるからです。

法的三段論法のプロセスのうち、「①大前提：法解釈」の部分は、税法の規定の解釈の問題として一般性をもち影響力が大きくなりますが、「②小前提：事実認定」の部分になると、その納税者の個別事例の問題に過ぎないため、個別性が強くなり他の納税者（課税）への影響が生じにくいということです（「③あてはめ」も同様）。

このように分析すると、審査請求と再調査の請求という「不服申立て」で、納税者の請求が認められる件数が多く、認容率も高いことの意味が明確になってくると思います。

序章で紹介したような「税務訴訟」では、納税者の請求が認められる件数が、「不服申立て」に比べると少ないです。それはなぜかといえば、他への影響が生じにくい「個別の認定事実を争う」ことよりも、一般性をもち、他の事件にも影響力が生じやすい「法解釈」によって、納税者の主張を認める作業が必要になるからです。

TAX LAW

6 手続面からみた不服申立てと税務訴訟の特色

不服申立てで納税者の請求が棄却された場合

「不服申立て」で納税者の請求が認められた場合、これは行政機関による判断になるため、課税庁が不服であるとして裁判を起こすことはできません。審査請求でも再調査の請求でも、納税者の請求が認容されたものはそれで確定します。

逆に、**不服申立てで納税者の請求が認められずに「棄却《ききゃく》」された場合、納税者はこれをさらに争うことが可能です。**

再調査の請求から始めた納税者であれば、「再調査決定」で棄却された場合に、国税不服審判所長に「**審査請求**」をさらに行うことができます。国税不服審判所長の「裁決」で棄却された場合、さらに納税者は、国を被告として「**税務訴訟**」を提起することができます。

税務訴訟の特色は？

序章でみた事例からもわかるように、税務訴訟の場合は三審制になっているため、第1審で納税者が勝訴しても、国が控訴して第2審（控訴審）で逆転して敗訴する可能性が残ります。

控訴審で納税者が勝訴しても、なお国による上告の可能性と上告審での逆転敗訴の可能性が残ります。こうした三審制の下で「確定」するまでに、国からの上訴《じょうそ》（控訴・上告）の可能性が税務訴訟ではあります。

最高裁までいく事件が多いということは、それだけ税務訴訟は長期化しやすいことを意味しますし（提訴から5～7年近くかかるのが通例です）、ある審級で勝訴しても、国が控訴や上告を断念しない限り、裁判は続いて逆転される可能性が最後まで残ることも意味

不服申立てと税務訴訟の特色

	不服申立て	税務訴訟
請求認容の場合	認容部分は確定する	国が上訴(控訴・上告)する可能性あり(三審制)
審理期間	再調査の請求：3か月 審査請求　　：1年	最高裁までいくと、提訴から5～7年はかかる
手数料	不要	必要(取消しを求める税額に応じて高くなる) 控訴：1.5倍 上告：2倍
代理人	弁護士以外も可能	弁護士に限られる

します。

このように時間はかかるものの、税務訴訟の特色は、課税実務や通達規定にかかわらず法解釈をとことん争うことが可能で、画期的な最高裁判決を得られる可能性があることにあるといえます。

不服申立ての特色は？

税務訴訟と比べたときに、不服申立ては「個別の事実認定」の問題として争うものであれば、客観証拠に乏《とぼ》しい事例であっても、担当審判官の力量次第で請求が認容される可能性が十分にあり、そこで請求が認められれば「確定」する手続といえます。

再調査の請求は3か月、審査請求は1年とい

う極めて短い「標準審理期間」も定められています。

税務訴訟と異なり、不服申立てをする場合、**裁判所に納める手数料**も不要です（税務訴訟では、取消しを求める税額に応じて手数料は高くなり、敗訴した場合の控訴では提訴時の1・5倍、上告では2倍の手数料負担が必要になります）。

さらに**不服申立てでは、弁護士以外の税理士や公認会計士でも代理人にすることが可能**で、弁護士費用を負担することなく遂行《すいこう》することもできます（たとえば、顧問税理士が審査請求の代理人をすることも一般にあります）。

これらの点からみると、**不服申立ては、簡易・迅速な手続といえ、費用面でみても極めてリーズナブルな手続といえるでしょう。**

BUKININARU

第2章 まとめ

第2章では、「国税と争う税務訴訟の現実」を、統計データを用いながら分析しました。

本書が対象にしている**「税務訴訟」を行うためには、その前段階として行政機関に対する「不服申立て」を行うことが必要です。**

こうした不服申立てとしての「審査請求」と「再調査の請求」についても、あわせて統計データをみながら、発生状況、認容件数、認容率などを明らかにしました。

そのうえで、「不服申立て」と「税務訴訟」を比較し、それぞれどのような場合に認容されやすいケースがあるのかについても言及をしました。

序章でみた「税務訴訟で勝訴した人たち」の裁判を思い返してみると、第2章で明らかにした「税務訴訟」の特色が、より明確になるのではないかと思います。

裁判所が課税庁の行った行政処分の適法性を判断することが、「**司法による行政に対するチェック**」としての役割になります。その役割は、「法の解釈」について特に色濃くあらわれるのです。逆に「事実の認定」については、「不服申立て」のほうが納税者に有利な認定がされる可能性が高いことについても、その手続の構造から違いを説明しました。

「不服申立て」自体は、本書の直接の対象ではありません。しかし、「税務訴訟」を行うためにはそのステップを踏むことが必須であることから、また、納税者としてどのように主張を実現していけばよいかを考える参考にもなることから、必要な限度で触れました。

次章では、これまでみてきた「法解釈」と「事実認定」のような大別《たいべつ》をより進めて、具体的に税務訴訟における「争い方、勝ち方」をみます。実際の税務訴訟ではどのような争い方があり、どのような争い方が勝訴しやすいのかを、類型に分けて考察します。

参考文献等

・木山泰嗣『税務訴訟の法律実務〔第2版〕』（弘文堂、２０１４年）
・木山泰嗣『教養としての「税法」入門』（日本実業出版社、２０１７年）
・木山泰嗣『国税通則法の読み方』（弘文堂、２０２２年）
・中尾巧＝木山泰嗣『新・税務訴訟入門』（商事法務、２０２３年）

COLUMN

税務訴訟にかかわる人たち❷
――訟務検事――

税務訴訟の法廷で納税者は、ずらっと並ぶ国の代理人の集団と対面します。一般の民事訴訟では、原告も被告も代理人の弁護士は１人が普通なのですが、行政訴訟ではその光景が変わります。国の代理人は、個別に弁護士に依頼する仕組みになっていません（地方税の場合、訴訟を提起された地方団体が、その事件の代理人としての弁護士を選びます）。

国が訴えられた行政訴訟の追行《ついこう》は、「訟務《しょうむ》検事」が代理人として行います。訟務検事は検察官です（裁判官が任期付きで行っている場合もあります）。

東京地裁の税務訴訟を多数担当していると、担当者が限られている訟務検事と顔なじみにもなってきます。裁判所の廊下ですれ違い、なんとなく、お互いに挨拶をしたりするようにもなります。

最初に被告から提出されるのは「答弁書」です。そこに、事件を担当する訟務検事の名前が記載されています。「この事件も○○さんだ」などと、弁護士の側でもいったりしているかもしれません。

第3章

税務訴訟の争い方、勝ち方を知る

クラウゼヴィッツの『戦争論』や『孫子』の兵法書には何が書かれているのだろう？　税務訴訟は戦争ではないが、裁判官の「判決」で決着する。あとから後悔してもそれでは遅い。過去から学べる戦略がきっとあるはずだ。

TAX LAW

1 憲法違反を正面から争うタイプの税務訴訟（タイプA）

納税者から「税法規定が憲法違反」と主張されたものは？

課税処分などで適用された税法の規定（租税立法）が、憲法に違反することを正面から争うタイプの税務訴訟があります。これを、本書では便宜《べんぎ》的に「タイプA」と名づけます。

タイプAは、税法の規定の憲法違反を争うものですから、前述したように「不服申立て」で争うことはむずかしく、「税務訴訟」で争うことが必要でした（第2章4「①憲法上の問題を争う場合」参照）。

最高法規である憲法に税法の規定が違反するとなれば、その規定は効力をもたないことになります。憲法には、次のように定められているからです（98条1項）。

この憲法は、国の最高法規であつて、その条規に反する法律、命令、詔勅《しょうちょく》及び国務に関するその他の行為の全部又は一部は、その効力を有しない。

これまで「税法規定が憲法違反である」と納税者から主張されたものとしては、次のようなものなどがあります。

①平等原則（14条）
②租税法律主義（84条）
③生存権（25条）
④財産権（29条）
⑤条例制定権（94条）

もっとも、すでに述べたように租税立法には広範な「立法裁量」が認められており、「サラリーマンと個人事業者における経費控除の定めが異なることが『平等原則』に違反するのではないか」が争われた「大嶋訴訟」で、「**緩やかな違憲審査基準**」が採用されていました（最高裁昭和60年3月27日大法廷判決・民集39巻2号247頁。第1章5参照）。**立法目的に正当性があれば、その手段として採用された税法規定が著しく不合理であることが明白でない限り、違憲にはならない**というものです（**合理性の基準**）。

このような「緩やかな違憲審査基準」は、あくまで給与所得者と事業所得者に対する所得税法上の異なる取扱い（所得の性質についての区別取扱い）について採用されたものでした。しかし実際には、そうではないものについてもほぼ同様の基準が採用されることが多く、「租税立法が違憲である」と判断されることはまずないというのが実情です。

①平等原則（14条）に関する税務訴訟

憲法学において「①平等原則（14条）」の違反をチェックする違憲審査では、「性別」など、憲法14条が歴史的に行われてきた差別として特に例示して禁止をしたもの（「人種、信条、性別、社会的身分又は門地」という定めがあり、「**14条後段《こうだん》列挙事由《じゆう》**」と呼ばれています）については、厳しい基準を採用すべきという考え方があります。

しかし、近時下された2021年（令和3年）の下級審の判決では、「性別による差別がなされている」と主張されたにもかかわらず、大嶋訴訟とまったく同じ違憲審査基準が採用され、合憲であると判断されました（東京高裁令和4年1月12日判決・裁判所ウェブサイト）。

所得税法における「寡夫《かふ》控除」（父親のみで子育てをする場合に所得から一定額の控除を認める所得控除）と「寡婦《かふ》控除」（母親のみで子育てをする場合の所得控除）における所得控除がなされる場合の所得要件の区別（前者には所得が一定額を超えると控除ができない所得要件の定めがあり、後者にはこうした所得要件がありませんでした。ただし、令和2年（2020年）改正で撤廃済み）が、「平等原則」に違反するかが争われたものでした。

②租税法律主義（84条）に関する税務訴訟

「①平等原則（14条）」以外でみると、「②租税法律主義（84条）」については、「遡及《そきゅう》立法ではないか」が争われた税務訴訟がありました。

租税法律主義の諸原則ですが、第1章でみた「課税要件法定主義」「課税要件明確主義」「合法性の原則」以外にも、「**遡及立法禁止の原則**」があると解されています。遡及とは、過去にさかのぼって改正法を適用することを指します。

この税務訴訟の背景には、暦年《れきねん》の途中（注：所得税は暦年課税を採用しており、1月1日～12月31日の1年間に納税者が得た所得に課税されます）に改正された納税者に不利益な変更を、当該暦年に適用する立法措置がとられたことがありました。

その不利益な変更とは、納税者が自らに生じた赤字（損失）を、他の黒字（所得）が生じた不動産の譲渡所得と相殺《そうさい》することが可能であった「**損益通算**《そんえきつうさん》」を廃止する「**租税特別措置法**」の改正です。改正法の施行日まえの3か月間になされた不動産取引についても遡及する立法がされたため、「**『遡及立法』にあたり、『租税法律主義』に違反するのではないか**」が争われました。

最高裁は、この法改正はそもそも「遡及立法」ではないと認定したうえで、「課税関係における法的安定」という、租税法律主義の趣旨に違反しないかを審査しました。

しかし、そこでは次の審査基準が採用され、合憲であると判断されています（最高裁平成23年9月22日第一小法廷判決・民集65巻6号2756頁）。

……暦年途中の租税法規の変更及びその暦年当初からの適用による課税関係における法的安定への影響が納税者の租税法規上の地位に対する合理的な制約として容認されるべきものであるかどうかという観点から判断する……。

③生存権（25条）に関する税務訴訟

「③生存権（25条）」については、所得税法の定める1971年（昭和46年）分の給与所得の課税制度が最低生活費として不十分であり、「**『健康で文化的な最低限度の生活』を保障した憲法25条の『生存権』を侵害するのではないか**」が争われたものがあります。

しかし、生存権を保障するために国がどのような立法措置をとるかについては、立法の裁量が広いと考えられています。

こうして、この訴訟でも「著しく合理性を欠き明らかに裁量の逸脱・濫用と見ざるをえない」ことが具体的に主張されていないとして、合憲と判断されました（最高裁平成元年2月7日第三小法廷判決・訟月35巻6号1029頁）。

④財産権（29条）に関する税務訴訟

租税立法が「④財産権（29条）」に違反すると主張される例はそう多くはありませんが、

会社などが従業員等に給与を支払う際に、「所得税（源泉所得税）」を天引《てんび》きして税務署に納付すべきことが定められた所得税法上の「源泉徴収制度」が、「**財産権を侵害するものとして違憲である**」と主張されたものがありました（月ヶ瀬《つきがせ》事件）。

しかし最高裁は、給与の支払段階で所得税を徴収することは「税の徴収」にとって重要であり、本来税を負担すべき給与所得者が、自ら確定申告をして納税をする煩《わずら》わしさからも解放される仕組みを「公共の福祉」の要請であるとして、財産権侵害を認めませんでした（最高裁昭和37年2月28日大法廷判決・刑集16巻2号212頁）。

⑤条例制定権（94条）に関する税務訴訟

地方税は、各地方団体が「条例」（税条例）で定めるものですが、「法律の範囲内」であることが求められます。そのため、地方税は「**地方税条例主義**」といわれるものの（第1章参照）、地方議会が適式な手続で定めた「税条例」であっても、その大枠《おおわく》を定めた「地方税法」という「法律の範囲」を超えていると判断されると、違憲になるおそれがあります。これが、「⑤条例制定権（94条）」違反の問題です。

国会の定める「法律」で制定される「国税」については、「租税立法」が憲法の規定に違反するとされたことはありません。広範な「立法裁量」が認められることを前提に、立法措置の「合理性」が認められるからです。しかし「地方税」の場合は、各自治体が工夫をして課税をしたとしても、独自課税は「地方税法」の範囲内でしか行えません。

こうして、神奈川県が制定した「臨時特例企業税条例」が、地方税法の定める「繰越欠《くりこしけっ》損金《そんきん》の控除制度」と抵触する（実質的に繰越欠損金に課税する仕組みになっている）とされたものがあります（**臨時特例企業税条例事件**）。

そして、この条例は、「法律の範囲内」とはいえないと最高裁に判断され、無効とされました（最高裁平成25年3月21日第一小法廷判決・民集67巻3号438頁）。

このように「タイプA」（憲法違反を正面から争うタイプの税務訴訟）は、過去の税務訴訟をみる限り、本書がメインの対象としている**「国税」については、納税者の主張が認められることがむずかしい**という現状があります。

もっとも、「地方税」の場合は、条例制定権（憲法94条）が「法律の範囲内」といえるかが厳しく審査され、納税者が勝訴することがあります。逆に、地域の実情に応じた「地方団体の独自課税」が認められにくいという問題もあります。租税法律主義は、結局のところ、国会の定める「法律」という枠組みを極めて重視するものであるということです。

TAX LAW

2

課税実務に疑問を投げかけるタイプの税務訴訟（タイプB）

税務行政は法律によることが求められる

これまで行われてきた「課税実務」に、疑問を投げかけるタイプの税務訴訟もあります。

これを、本書では便宜的に「タイプB」と名づけます。

タイプBは「課税庁の見解」と異なる主張を行うものですから、前述したように「不服申立て」で争うことはむずかしく、「税務訴訟」で争うことが通常必要になるものでした（第2章4「⑤従来の課税実務と異なる主張をする場合」参照）。

税務行政は、法律によることが求められます（**法律による行政**）。しかし、法律の適用にあたっては、条文の文言《もんごん》の解釈（**法の解釈**）が必要になります。

税務署ごとにバラバラの解釈がなされれば、統一的な税務行政を行うことはできません。そこで、全国に524署ある税務署で「統一的な税務行政」を行うために示されているのが、国税庁長官の発遣《はっけん》する「**通達**」でした。

また、通達規定がなくともさまざまな税法規定の解釈を通じて処理されることになる「課税」の現場においては、国税庁ウェブサイトで公表されているような、国民（納税者）に対して「どのように課税されるのか」を、事例や場面ごとに具体的に整理した文書や回答などもあります。

本来的には、こうした税務行政の前提にある「税法の解釈」が正しいといえるのかについては、疑問がある限り司法の判断が最終的には必要になります。

しかし一般に納税者には、自分の税金を税務署にとがめられることなく納める方法を求めています。専門家として納税者をサポートしながら適切な税務行政に寄与《きよ》すべき立場にある税理士も、目のまえにある個別案件を問題なく（税務署から指摘をされることなく）処理することを、日常における目標にしていることが多いように思います。

こうして、司法の判断を経ていない税法の解釈を前提にする「税務行政」として、納税者がそれに従い（裁判で争うことなく）納税を行っていけば、それが蓄積され「課税実務」として固まってくることになります。

それらは、実務解説の書籍などにも「これが課税実務です」というように説明されるようになりますから、こうした実務解説の本などを参考に「確定申告」が行われる状態は、ますます確立されていきます。

しかし、**課税は「法律」に基づき行われるべきであり（租税法律主義）、「課税実務」に基づき行われていればよいわけではありません。**

通達規定が「税法の解釈」に合致している限りは、「租税法律主義」に沿うものと考えられていたように（第1章参照）、**通達規定を含めた「課税実務」は、「法律」（税法）の規定に照らして正しいものである必要があります。**

こうして「課税実務」としては確立されていたものの、「税法の解釈」という点から疑問を投げかける税務訴訟が提起されることがあります。

タイプBの税務訴訟では、納税者が勝訴したものが比較的多い

実際、これまでこの手の**「タイプB」の税務訴訟では、納税者が勝訴したものが比較的**

多くあります。

その理由は、いま述べたとおりです。いかに長年にわたり「課税実務」が定着していたとしても、課税処分などの取消しを求める税務訴訟が提起されれば、裁判所は「税法の解釈」という観点から判断をすることになるからです。

そこでは、そもそも「課税実務」が正しいか（妥当か）という判断すらされません。**その納税者に対してなされた課税処分などの行政処分が、「税法の解釈・適用」として正しいか**という点のみが、判断されることになります。

タイプBの税務訴訟の例

このようにして「従来の課税実務」が否定されたものに、序章で触れた「年金二重課税事件」がありました（最高裁平成22年7月6日第三小法廷判決・民集64巻5号1277頁）。

所得税法の定める「非課税所得」の規定を解釈すると、年金受給権に基づき支給される1回目の年金（約200万円）に所得税を課すことは、すでに相続税の課税対象にされていた「年金受給権」と同じ経済的価値をもつものに対して重ねて税金を課すものになり、許されないと判断されたのです。

ほかに序章で触れたものとしては、「**競馬札幌事件**」（最高裁平成29年12月15日第二小法廷判決・民集71巻10号2235頁）、「**競馬大阪事件**」（最高裁平成27年3月10日第三小法廷判決・刑集69巻2号434頁）も、事件当時の所得税基本通達の規定では、「一時所得」と判断されるものであった競馬所得を「雑所得」と判断し、外れ馬券の経費控除を認めたものでしたから、課税実務に疑問を投げかける「タイプB」といえるでしょう。

「タイプB」で納税者が勝訴したものは、序章で紹介したものだけではありません。ゴルフ会員権の贈与を受けた者が支出した名義書換料《かきかえ》が、当該会員権を第三者に譲渡した際の「譲渡所得」の計算で控除できるかが争われた「**ゴルフ会員権名義書換事件**」でも、最高裁判決がこれを認め、「従来の課税実務」と異なる解釈をしました（最高裁平成17年2月1日第三小法廷判決・訟月52巻3号1034頁）。

「**株特《かぶとく》通達事件**」では、通達規定に合理性がないとして、相続税の財産評価の方法が否定されました。

取引相場のない株式について、相続税額を計算する際の財産評価を「純資産評価方式」

等（原則である「類似業種比準方式」より高い時価評価がされやすい）で行うことを定めた「株式保有特定会社」（通称「株特」）の特例が、「財産評価基本通達」（評価通達）にありました。

この特例評価が適用される対象として、株式保有の割合が「25%」とされていた「評価通達」の規定について、課税庁が事件当時における「合理性」を立証できていないとされ、高い時価評価となる特例評価が否定されました（東京高裁平成25年2月28日判決・税資263号順号12157）。

このように「タイプB」の税務訴訟は、**「課税実務」がそれだけで正しいことにはならず、租税法律主義の下では、「税法の解釈」の観点からみるべき視点（第1章参照）がそのまま妥当するもの**です。

納税者が勝訴すると、国税庁は「解釈の変更」を行う

こうした「タイプB」の税務訴訟で納税者が勝訴し確定すると、**国税庁が通達改正等により「解釈の変更」を行うことになります。**

国税庁の見解変更による更正の請求

国税通則法施行令6条1項5号

（更正の請求）

第六条　法第二十三条第二項第三号（更正の請求）に規定する政令で定めるやむを得ない理由は、次に掲げる理由とする。

（略）

五　その申告、更正又は決定に係る課税標準等又は税額等の計算の基礎となつた事実に係る国税庁長官が発した通達に示されている法令の解釈その他の国税庁長官の法令の解釈が、更正又は決定に係る審査請求若しくは訴えについての裁決若しくは判決に伴つて変更され、変更後の解釈が国税庁長官により公表されたことにより、当該課税標準等又は税額等が異なることとなる取扱いを受けることとなつたことを知つたこと。

その場合、課税実務に従って納税をしており、「争えるものとは知らなかった」という納税者も、法定の確定申告の期限から5年以内であることが前提ですが、「**見解の変更**」が公表されたことで、自分の税額が減額されるべきことを知ってから2か月以内に「**更正の請求**」という手続をとれば、過去の申告で確定していた税額を、税務署に「減額」してもらうことが可能になります。

こうした手続が「国税通則法」という基本法に定められていること自体が、裁判所の判断により「課税実務」が否定されることを税法が想定しているといえます。

TAX LAW

3 税法の解釈・適用を争うタイプの税務訴訟（タイプC）

タイプCは「オーソドックスな税務訴訟」全般を指す

税法の解釈・適用を争うタイプの税務訴訟については、「タイプC」と名づけます。

もちろん、「課税実務に疑問を投げかけるタイプの税務訴訟」であるタイプBも、税法の解釈・適用を争うものでした。その意味で、タイプBも広い意味ではタイプCに分類されるものともいえます。

もっとも、**一般に行われてきた「課税実務」を覆《くつがえ》す主張をすることだけが、「税法の解釈・適用を争う」税務訴訟ではありません。**

この点で、タイプCは「**課税実務に疑問を投げかける**」ことに争いの本質があるタイプBとは分けて、**純粋に当該課税処分などについてなされた「税法の解釈・適用を争うタイプの税務訴訟」を指すもの**とします。

タイプCは税法の解釈を争うものですから、前述したように「不服申立て」で争うことはむずかしく、「税務訴訟」で争うほうが認容される可能性が高まるものでした（第2章4「④法解釈を争う場合」参照）。

税法の解釈を争い、またその適用を争うのは、後述する「**事実認定を争う税務訴訟**」である「タイプE」（第3章5「事実の認定を争うタイプの税務訴訟（タイプE）」参照）以外のほとんどに共通するものともいえます。

この点で**タイプCは、「オーソドックスな税務訴訟」全般を指すもの**ということもできます。対象も、所得税法、法人税法、相続税法、消費税法など、どの税法についても争いが起き得ます。

そのため、典型例を指摘することがむずかしいのがタイプCです。ここでは、最高裁での勝訴が特に目立つ分野を紹介しておきたいと思います。

最高裁での勝訴が特に目立つ分野の税務訴訟

まず、「租税回避」であることを理由に行われた法人税の課税処分の取消しを企業が求めた税務訴訟には、序章で挙げた「ユニバーサルミュージック事件」があり、２０２２年（令和４年）に、納税者（企業）の勝訴判決が最高裁で下されています（最高裁令和４年４月21日第一小法廷判決・民集76巻４号４８０頁）。

この訴訟では、法人税法が定める「否認規定」の解釈・適用が争われましたが、同じように法人税法の定める「否認規定」の解釈・適用が争われたものには、「**ヤフー事件**」（最高裁平成28年２月29日第一小法廷判決・民集70巻２号２４２頁）、「**ＴＰＲ事件**」（東京高裁令和元年12月11日判決・金融・商事判例１５９５号８頁）、「**ＩＢＭ事件**」（東京高裁平成27年３月25日判決・訟月61巻11号１９９５頁）などがあります。

この３つのうち、納税者の勝訴で確定したのはＩＢＭ事件のみですので、納税者の勝訴可能性が必ずしも高いとまでいえるものではありません。

しかし、否認規定が定める「不当性要件」（「法人税の負担を不当に減少させる結果となる」といえるか）の解釈・適用は、２つの最高裁判決によって適用基準が示されたため（最高裁令和４年判決、最高裁平成28年判決）、今後もその適用をめぐる訴訟が増えるのではないかと予想されます。

国際課税の分野でも、法人税の課税処分を受けた企業がその取消しを求めて税務訴訟を提起し、勝訴する例が散見されます。

タックス・ヘイブン対策税制（外国子会社合算税制）の適用をめぐるものでは、「**デンソー事件**」（最高裁平成29年10月24日第三小法廷判決・民集71巻８号１５２２頁）、「**みずほ銀行事件**」（東京高裁令和４年３月10日判決・金融・商事判例１６４９号34頁。ただし国が上告中）で、納税者（企業）が勝訴しています。

移転価格税制については、「**ホンダ事件**」（東京高裁平成27年5月13日判決・税資２６５号順号１２６５９）、「**アドビ事件**」（東京高裁平成20年10月30日判決・税資２５８号順号１１０６１）、「**日本碍子《がいし》事件**」（東京高裁令和４年３月10日判決・裁判所ウェブサイト）で、納税者（企業）が勝訴しています。

その他の分野でも、法人税では、「**興銀事件**《こうぎん》」（最高裁平成16年12月24日第二小法廷判決・民集58巻9号2637頁）、「**NTTドコモ事件**」（最高裁平成20年9月16日第三小法廷判決・民集62巻8号2089頁）など、最高裁で巨額の課税処分が取り消され、企業（納税者）の勝訴で確定した税務訴訟があります。

他方で、従来課税庁が採用していた見解である「一時所得」が、所得税法の解釈に合致するとして、個人の納税者が全国で100件もの税務訴訟を提起した「**ストック・オプション訴訟**」では、第1審でこれを認める判決が下されていましたが、最高裁は課税庁が主張した「給与所得」とする判断を下し、納税者の敗訴となりました（最高裁平成17年1月25日第三小法廷判決・民集59巻1号64頁）。

もっとも、ペナルティとして賦課されていた「過少申告加算税」については、これを賦《ふ》課《か》すべきでない「正当な理由」があると認められ、最高裁で納税者が勝訴しました（最高裁平成18年10月24日第三小法廷判決・民集60巻8号3128頁）。

このように所得税法の解釈・適用を争い、本税部分では敗訴したものの、従来の課税庁の見解による申告について「正当な理由」を認め、過少申告加算税部分について納税者を勝訴させた最高裁判決には、ほかに「**匿名組合航空機リース事件**」もあります（最高裁平成27年6月12日第二小法廷判決・民集69巻4号1121頁）。

しかし、加算税を賦課すべきでない「正当な理由」は、**納税者の行った申告が、以前に課税庁が採用していた見解によるものといえるかについて厳格に判断される**ことになるのが、最高裁の傾向です。

こうして2023年（令和5年）には、消費税の仕入税額控除の範囲を企業が争った2件の税務訴訟（**ムゲンエステート事件**、**エー・ディー・ワークス事件**）で、本税（消費税法の解釈・適用）部分についても敗訴し、かつ、加算税を賦課すべきでない「正当な理由」も認められず、企業（納税者）の敗訴が確定した最高裁判決もありました（いずれも、最高裁令和5年3月6日第一小法廷判決・裁判所ウェブサイト）。

TAX LAW

4 納税者が通達どおりの課税を主張するタイプの税務訴訟（タイプD）

納税者の主張が通達規定に依拠するケース

「納税者が通達どおりの課税を主張するタイプの税務訴訟」もあります。これを本書では「タイプD」と名づけます。

タイプDも「税法の解釈・適用」を争うものではあるので、タイプC（税法の解釈・適用を争うタイプの税務訴訟）に広い意味では含まれるものです。しかし、**納税者の主張する「税法の解釈・適用」が、課税庁の行政解釈である通達規定に依拠している点**に「タイプD」の特色があります。

課税庁が、自らの「行政解釈」である通達規定に基づく主張を行うことは、税務訴訟ではよくあることです。

また、行政機関が判断を行う「不服申立て」では、通達規定に基づく判断がされることが通常なので、前述のように「通達規定の効力を争う場合」は、「不服申立て」ではなく「税務訴訟」で争うほうが、請求が認容される可能性は高くなります（第2章4「②通達規定の効力を争う場合」参照）。

通達規定が納税者に有利に働くことがある？

このように考えると、なぜ、納税者の側から「通達どおりの課税を主張する」のか、疑問に思うかもしれません。これは単純に、**通達規定にも、納税者に有利に働く場合がある**ことを意味します。

課税庁が、「税務行政」を統一する観点から通達規定に依拠した「課税実務」を行っていることを考えると、**納税者からみて「通達規定」によるほうが有利な税額になる場合には、納税者の側から「通達どおりの課税を主張する」争い方もあり得るわけです。**

しかし、これまで繰り返しみてきたように、納税の義務は「法律」に基づいて生じるものであり、「通達」に基づき生じるものではありません（租税法律主義）。

課税要件法定主義からは、「通達課税の禁止」が導かれるため、納税者に有利であったとしても、「通達規定による課税」と「税法規定による課税」とで課税（納税義務の発生や税額）に差異が生じる場合、やはり優先されるべきは、後者（法律である「税法規定」）であることは間違いありません。

しかし裁判所からすると、こうした「タイプD」の訴訟では、「とはいえ、課税庁の解釈どおりに納税者が確定申告したのであれば、それを課税庁の側が争うのはおかしいのではないか？」という向きが起きやすいのも事実です。

最高裁は、通達どおりの課税を否定することが多い

こうして、**納税者が通達どおりの課税を主張する「タイプD」の税務訴訟では、下級審で裁判所の判断が分かれることが多いです。**

通達規定といえども、納税者に有利な規定があったのであれば、課税庁がそれに反する

課税を主張するのは妥当ではないのではないか——。そういった視点から、通達規定どおりに課税すべきといった判断が下されたものもあります。

もっとも、**こうした判断は下級審の判断にとどまります。最高裁に上がると、法律どおりの課税に是正されるものがほとんどです。**

実際、令和時代に入ってからも、すでに2つの事件で、最高裁は納税者が主張した「通達どおりの課税」を否定しています。

1つが、序章でも紹介した2022年（令和4年）の「節税マンション事件」です（最高裁令和4年4月19日第三小法廷判決・民集76巻4号411頁）。

もう1つが、個人が法人に譲渡した株式の時価が2分の1未満の価額の場合に、「時価で譲渡したもの」とみなされる所得税法の規定の適用をめぐり、「当該株式の『時価』評価を通達どおりに行うべき」と納税者が主張した「**タキゲン事件**」です（最高裁令和2年3月24日第三小法廷判決・判タ1478号21頁）。

「節税マンション事件」では、第1審、第2審（控訴審）、上告審といずれも納税者の主張は認められませんでした。

これに対して「タキゲン事件」の場合、控訴審では、「通達どおりの評価をすべき」という納税者の主張が認められていました（東京高裁平成30年7月19日判決・税資268号順号13172）。

同じように、控訴審では納税者の主張する通達どおりの解釈が認められる判断もあったのが、同種事件が複数起きた「**養老保険事件**」です。

養老保険による満期一時金を得た納税者が、「一時所得」の計算をする際に、保険契約者である会社が負担してくれていた保険料も控除できると読める「所得税基本通達」の規定について、「これに沿う所得税法の解釈をすべき」とした高裁判決もあったのです（福岡高裁平成21年7月29日判決・民集66巻1号64頁）。

しかし最高裁は、「税法の解釈」は法律に基づき行われるものであり、行政解釈に過ぎない「通達」が「法律」の解釈を縛ることはできないという判断をし、納税者を敗訴させました（最高裁平成24年1月13日第二小法廷判決・民集66巻1号1頁）。

タイプDの税務訴訟は無理筋なのか？

このような例をみると、納税者が通達どおりの課税を主張する「タイプD」の税務訴訟は、「租税法律主義」がある以上、「**無理筋**《むりすじ》**の裁判（勝てない裁判）なのではないか**」と思われるかもしれません。

たしかに、租税法律主義の下では、「税法」規定の正しい解釈がなされるべきですから、**誤った「通達」規定が納税者に有利であったとしても、法律の正しい解釈が行われなければなりません**。この点では、「税法の解釈・適用」の問題として「タイプD」の主張をすることはむずかしいといわざるを得ません。

ただし、そうではない観点からの主張は残されます。それは、「節税マンション事件」の最高裁令和4年判決にヒントがあります。

同判決は納税者の請求を認めませんでしたが、これは6億円の相続税の負担を0円にしたという「**行き過ぎた節税策**」が問題視されたものでした。

しかし判決理由をみると、一般論としては「合理的な理由」がないのに、「財産評価基本通達」（評価通達）と異なる時価評価を課税庁が行うことは、「租税法上の一般原則としての平等原則」に違反するという指摘もあるのです。

ここでの「合理的な理由」とは、**「評価通達の定める方法による画一的な評価を行うことが、実質的な租税負担の公平に反するというべき事情」**をいうとされています。

この点で**特に評価通達については、「合理的な理由」**（実質的な税負担の公平に反する事情）**が課税庁により立証されない限り、評価通達どおりではない財産評価による課税処分**（この事例では、個別に鑑定評価を行って、評価通達よりも高い財産評価で相続税の課税処分がされていました）**については、右の意味での「平等原則」違反の主張をする余地が残されている**といえるでしょう。

5 事実の認定を争うタイプの税務訴訟(タイプE)

法の解釈ではなく、事実認定を争う訴訟

「事実の認定を争うタイプの税務訴訟」もあります。これを本書では、「タイプE」と名づけます。

課税処分などの行政処分の適法性は、「法的三段論法」で判断されるといいました（第2章5参照）。「①大前提」である「法解釈」によって定立された「法規範」に、「②小前提」である「事実認定」によって「認定された事実」を「あてはめ」ることで結論を導く手法でした。この点で、これまでみてきた**「法の解釈」部分ではなく、「事実認定」を争うことが争いの本質になる税務訴訟もあります。**

タイプEも、**認定された事実（認定事実）が、税法の定める課税要件を充足するかどうかの問題**です。課税要件を充足するのであれば、その「税法規定」が「適用」されることになる点で、タイプC（税法の解釈・適用を争うタイプの税務訴訟）の「適用」部分にも含まれ得るものです。

また、「事実の認定を争うタイプの税務訴訟」では、認定事実が適用されることになる「税法の解釈」についても、納税者と課税庁の主張が異なる場合も多いです。

この点で、タイプEもタイプCに含まれる部分がある可能性はあります。しかし、ここでは**「事実認定の争い」が、訴訟の結論に直結する大きな争点になっている場合**を想定し、タイプEという類型にしました。

前述したように、**事実認定を争う場合は「個別事例の処理」になるため、「不服申立て」での認容可能性も十分にあります**（第2章5「①事実認定を争う場合」「②個別事例の処理に過ぎない場合」参照）。

もっとも、「事実認定を争う場合」でも不服申立てが万能なわけではなく、税務訴訟でようやく認容される例もあります。

また、職業の関係から複数の外国に滞在する個人の納税者に対して、日本に「住所」を認定し、所得税法の「居住者」として、複数の事例で課税処分がされる例が複数生じる場合のように、課税庁が一定の指針をもって課税を強めるケースもあります。

こうして、**「税法の解釈」というよりも、税法の定める「課税要件事実」の充足があるかどうか**という「事実の認定を争う」ことが、勝敗を決することになるタイプの税務訴訟が生じることになります。

事実の認定を争った税務訴訟の例

令和時代に入ってからの例を挙げると、いま挙げた所得税法上の個人の「住所」（生活の本拠）がどこであるかが争われたものが2つあります。

これは、純粋に当該事例における「個別事例の処理」になるため、前述したように、住居、職業、資産の所在、生計を一にする配偶者等の親族が住む場所などをみて、総合考慮で判断されることになります（序章6「複数国居住事件」参照）。

序章でみた「複数国居住事件」では、2019年（令和元年）に「シンガポールを職業上の拠点とするもので、日本（国内）に住所があるとはいえない」と判断され、納税者の勝訴判決が確定しています（東京高裁令和元年11月27日判決・金融・商事判例1587号14頁）。

ただし別の訴訟では、「納税者の住所は日本（国内）にある」と認定され、納税者が敗訴していました（東京地裁令和3年11月25日判決・LEX／DB25603379）。住所がどこであるかによって、所得税法の定める「居住者」にあたるか否かが決まります。

このように、**税法が定める課税要件を充足する「事実」（課税要件事実）があるかの争いは、裁判所に当事者双方から提出された証拠により「認定」される「事実」次第で、勝敗が決まります。**

この点で「タイプE」の税務訴訟は、「事実の認定」により勝敗が決着するものが多い「一般の民事訴訟」と変わらないようにもみえるかもしれません。

ただし、序章でも指摘したように、税務訴訟では課税処分などの行政処分がされるまえに、税務署による「税務調査」がなされています。その際に収集された証拠に基づき、税務署長が「課税処分」などの行政処分を下したからこそ、納税者がこれを争う税務訴訟が提起されたという構造があります。

この点で、「一般の民事訴訟」が、通常は当事者が対等であるのと異なり（医療訴訟や消費者が企業を相手に争う訴訟などでは、事実としての「証拠の偏在《へんざい》」はありますが、病院や企業は、訴訟を提起されるまえに証拠を収集しているわけではありません)、被告である課税庁が、すでに当該行政処分の適法性を推認《すいにん》させるに足る「証拠」を収集し尽くしている「税務訴訟」の特色は、避けて通ることができません。

逆にいえば、**税務調査の段階から、じつは「税務訴訟」は始まっている**のです。

「タイプE」の税務訴訟の例として、もう1つ挙げておきましょう。

それは2022年(令和4年)に確定したもので、「**所得税法上の不動産所得(不動産等の貸付けによる所得)が誰に帰属するか**」が争われた税務訴訟です(**不動産所得人的帰属事件**)。

駐車場として第三者に貸し付けていた土地の所有者である父が、これを子に貸付けて、子がこれを第三者に転貸する契約を締結した事例です。第三者から得た駐車場の使用料(賃料)は、子の銀行口座に入金されており、子に帰属すると納税者は主張したのですが、国は所有者である父に帰属するとして課税処分をしたのです。

課税要件を説明したときに、「③課税物件はだれに帰属するのか(人的帰属)」という問題があるといいましたが(第1章2参照)、これが争われた訴訟です。

「不動産所得人的帰属事件」では、裁判所の判断が割れました。第1審では納税者の主張が認められ、納税者が勝訴しましたが（大阪地裁令和3年4月22日判決・裁判所ウェブサイト）、控訴審では逆転して国の主張が認められ、納税者の敗訴となりました（大阪高裁令和4年7月20日判決・LEX／DB25593721）。

「事実の認定を争う」税務訴訟である「タイプE」は、**納税者と課税庁の双方がどれだけ証拠による立証ができるか**（行政処分が適法であることの立証責任は、原則として課税庁にあるため、納税者にとってはどれだけ反証ができるか）にかかわります。

しかし、結論が「課税」にかかわる問題であるため、裁判官は、実際には**「課税されるべき事例かどうか」**を慎重に見定めるはずです。この点で、納税者がどれだけ説得力のある「ストーリー」を主張できるかが問われます。

例として挙げた「住所」の問題も「人的帰属」の問題も、納税者の見解、課税庁の見解ともに両説あり得るようにみえるからです。

最後は、納税者代理人による裁判官をうならせるような主張・立証の力が重要になってくるのが、「タイプE」の税務訴訟であるといえます。

TAX LAW

6

法の不備が本質にあるタイプの税務訴訟（タイプF）

税法の手続規定に「不備」がある場合の訴訟

少し特殊な事例に限られますが、過去の判決を調べると、「**法の不備が本質にあるタイプの税務訴訟**」もあります。これを「タイプF」と名づけます。

多くの税務訴訟は、広い意味では「税法の解釈・適用」を争うものでした。他方で、その訴訟の本質部分の特色をさらに分類したのが、これまでみてきたものです。

この点では、「タイプF」も、広い意味では「タイプC」の「税法の解釈・適用を争うタイプの税務訴訟」に含まれるものです。

ただし、**そこにあるべき手続規定が存在しないがために、現行法をそのまま適用すると、**

「課税されるべきではない納税者に課税がされてしまう」という場合があります。さまざまな税法の規定があるといっても、個別に生じるさまざまな事象をすべて予測して立法化することは、現実には困難だからです。

裁判で争われて、はじめて**税法の手続規定の「不備」（あるべき法律の規定が不足していること）がわかる場合もあるのです。**

こうした「立法の不備」（法の不備）の問題が発覚した場合、税法を改正すればよいのはもちろんです。しかし、改正税法を過去にさかのぼらせて適用することは、「遡及《そきゅう》立法禁止の原則」がありますから、租税法律主義の下ではできません。

そうすると、「法の不備」がみつかったために税法改正をした場合でも、改正後の事例に対応ができるにとどまり、改正まえの事例については、当時の税法規定を前提に、「解釈・適用」の問題として処理するしかありません。

雑所得に関する法の不備の事例

過去の事例をみると、所得税法の定める雑所得（他の9種類の所得にあたらない所得）

について、貸倒《かしだお》れが生じた場合の手続規定が存在しないために、「課税されるべきではない納税者に課税がされてしまう」という問題が生じたものがありました。

所得は、現実に現金収入を得た時点で認識されるものではなく、請求できる権利が確定した時点で、「収入金額」に計上することが必要です（**権利確定主義**）。そのため、現実に入金はされていない段階でも、その権利が確定した暦年《れきねん》の「収入金額」に計算され、所得税は課されます。

しかし、実際には相手の資力状態が悪化し、回収が困難になる場合があります。このような場合に、「事業所得」であれば、回収が困難になった年分の「必要経費」として控除することができると、所得税法には定められています（**前期損益修正**）。**ところが雑所得の場合には、こうした是正《ぜせい》措置の規定が当時はありませんでした**。そのため、当時の税法規定をそのまま適用すると、過去に「収入金額」に計上され、課税所得とされていたものがそのままになり、現実には「所得がなかったのに所得税が課税されたままになる」という事態が生じてしまいました（**雑所得貸倒れ事件**）。

1974年（昭和49年）に、最高裁はこうした「法の不備」の問題を認識します。そして、それでも「課税されるべきではない納税者に課税がされてしまう」事態を防止するために、納税者を救済する解釈をしました（最高裁昭和49年3月8日第二小法廷判決・民集28巻2号186頁）。

なお、現行法では過去に「収入金額」に計上されたものはなかったとみなされ、「更正の請求」という手続をすれば、過年度《かねんど》に遡及《そきゅう》した修正処理がされ、納めすぎとなった所得税は還付《かんぷ》されます（**過年度遡及処理**）。しかし、当時はこうした規定がなかったのです。**最高裁は、法の不備を救済する解釈をしたことになります。**

延滞税に関する法の不備の事例

こうした「**救済解釈**」が、税務訴訟ではときになされます。

本来課されるべきでない納税者に、課税庁側の対応がきっかけとなり、国税通則法をそのまま適用すると「延滞税」が発生してしまう事例でも、2014年（平成26年）に、最高裁は納税者を救済する解釈を行いました（最高裁平成26年12月12日第二小法廷判決・判タ1412号121頁）。この問題についても、後に法改正がされました。

この「**延滞税事件**」は、相続税を法定の期限内に確定申告をして納税していた納税者が、財産評価について過大な計上になっていたとして、減額を求める更正の請求をしたところ、税務署長がこれを認めて相続税がいったんは還付されたのです。

しかし、あとにやはり財産評価は誤っていたとして、財産評価をやり直した税務署長が、相続税を増額する課税処分をしました。これによって、当初は納付していた相続税について、いったん還付がされたがために未納が生じてしまい、国税通則法の規定をそのまま適用すると、その部分に「延滞税」が発生してしまったのでした。

法人税に関する法の不備の事例

こうした「法の不備」が最高裁に認識されて「救済解釈」がなされた例は、過去の税務訴訟をみてもごくわずかです。

最近では、破産した消費者金融の会社の過去の過払分《かばらいぶん》の所得について、事後的に法人所得の「損金」（経費）として控除されるべきではなく、過年度に遡《さかのぼ》る処理がされ、法人税の還付が認められるべきだと、納税者（破産管財人《かんざいにん》）が主張した税務訴訟がありました（**クラヴィス事件**）。

こうした問題についての法人税の通常の処理は、前述の所得税の「事業所得」と同じで、後発《こうはつ》事象が生じた事業年度の損金に算入するものとされています（**前期損益修正**）。

しかしこの事例では、破産会社であり清算されてしまうため、通常の法人が前提とする**「継続企業（ゴーイング・コンサーン）の原則」が妥当せず、例外的に「過年度遡及処理」がされるべきという主張が、納税者からされました。**

「クラヴィス事件」の控訴審（第2審）は、これを認める解釈をしましたが（大阪高裁平成30年10月19日判決・判タ1458号124頁）、最高裁は、そのような規定は法人税法にはないとして、請求を棄却しました（最高裁令和2年7月2日第一小法廷判決・民集74巻4号1030頁）。

最高裁の判決理由をみると…

このように、「法の不備」が本質にある「タイプF」の税務訴訟では、例外的に最高裁が納税者を救済する解釈をした例も過去にはありますが、**現実には「税法の規定」どおり**

の処理がされてしまうことも多いのが実際です。

つまり、**救済する法の規定がないので、規定どおり課税されてしまう**、ということです。

「タイプF」の税務訴訟では、先例《せんれい》である「最高裁昭和49年判決」（雑所得貸倒れ事件）と「最高裁平成26年判決」（延滞税事件）の判決理由が参考になります。

順にみると、前者（雑所得貸倒れ事件）では、次のように判示されていました。

……旧所得税法には、課税庁が右のごとき是正措置をとらない場合に**納税者にその是正措置を請求する権利を認めた規定がなかったこと**、（略）課税庁自身による前記の是正措置が講ぜられないかぎり納税者が先の課税処分に基づく租税の収納を甘受《かんじゅ》しなければならないとすること**は、著しく不当であつて、正義公平の原則にもとる**ものというべきである。

また、後者（延滞税事件）では、次のとおり判示されました。

……**このような帰結は、**法60条1項等において延滞税の発生につき納税者の帰責事由《きせきじゆう》が必要とされていないことや、課税庁は更正を繰り返し行うことができることを勘案《かんあん》しても、**明らかに課税上の衡平《こうへい》に反するものといわざるを得ない。**

「正義公平」であるとか「課税上の衡平」とは、もはや「税法の適用」の問題ではなく、税法規定がそのまま適用されることによって生じる「租税立法」の内容そのものの問題を指しています。

まさにこれが「法の不備」ということになりますが、**このような事態は、「法」が完璧ではない以上、今後も起き得る可能性はある**といえます。

納税者としては、「法の不備」による理不尽な課税が生じた場合、「租税法律主義」から「法改正」がされたあとの事例しか救済されないと断念するのではなく、**最高裁に救済を求める「税務訴訟」を提起する余地がある**ことになります。

TAX LAW

7 調査の違法を理由とするタイプの税務訴訟（タイプG）

税務調査の手続規定に「違反」がある場合の訴訟

近年増えているのが、「**調査の違法を理由とするタイプの税務訴訟**」です。課税処分などの行政処分は、**税務調査**を経て行われます。その税務調査については、国税通則法が定める手続の規定があります。

こうした手続規定の違反が「調査」段階であった場合、「違法な調査」に基づくものとして「行政処分」のほうも違法になり、取り消されるべきという主張が納税者からなされることがあります。こうした訴訟を本書では「タイプG」と名づけます。

「タイプG」の税務訴訟も、これまでみてきた他のタイプと同様に、広い意味では「税法の解釈・適用」を争うものといえ、「タイプC」に含まれ得るものです。

しかし、**税務調査における手続規定の違反を、内容的には誤っていない課税処分などの行政処分の取消しの根拠として主張する**点に、通常の「税法の解釈・適用」の問題とは異なる特色があります。

税務調査の規定は2011年に整備された

このような訴訟が近年増えているのは、2011年（平成23年）12月になされた、「国税通則法」の改正に基づく実務の現状に、疑問が投げかけられているからだと考えられます。税務調査の規定は、この改正まえは国税通則法になかったのですが、2011年（平成23年）にようやく法律の整備がされたのです。

こうして、**現在では、実地の調査を開始するまえに「事前通知」を納税者にすべきことが原則とされ、例外的に「無予告《むよこく》調査」（事前通知をしない調査）を行える場合については、厳格な要件が定められています**。また、調査終了の際には、調査結果の内容を納税者に説明するなどの手続も定められました。

こうした税務調査について定められた「国税通則法」の手続要件を充足しない、「瑕疵《かし》」(違法)のある調査がなされた場合、その後になされた課税処分などの行政処分そのものの内容は正しかったとしても、**法が求める調査の手続を無視したものである以上、行政処分も違法として取り消されるべきであると**主張するのが、「タイプG」です。

税務調査の手続規定の違反の例

具体的には、次のようなケースなどが挙げられます。

① 事前通知をしていなかった場合(東京高裁令和2年3月4日判決・税資270号順号13389)

② 無予告調査がなされたものの、無予告要件を満たしていなかった場合(東京地裁令和3年10月6日判決・LEX/DB25600693)

③ 調査終了の手続としての説明がされていなかった場合(東京高裁令和2年8月26日判決・税資270号順号13441)

こうした訴訟において、令和時代の近時、国税通則法の定める手続要件の解釈が、活発になされています。そのこと自体は、改正法の趣旨に照らした解釈が明らかになることですから、よい傾向といえるでしょう。

ただ、いずれの事件でも裁判所は、「『調査の違法』があったとしても、そのことと課税処分などの行政の『処分の違法』とは別である」という理解に立ち、「**税務調査によほどの重大な瑕疵（違法）がある場合でない限り、行政処分は違法にならない**」という解釈をしています（**調査の違法と処分の違法の区別**）。

その論理は理解できるとしても、「税務調査の手続について税務署職員が、『国税通則法』を遵守《じゅんしゅ》しないでよいのか」という疑問は残ります。

この点で、「タイプG」の税務訴訟については、裁判が活発化することでその争い方が確立されていくことが望まれます。

２０１１年（平成23年）に法改正で明文化された、税務調査の規定が空文《くうぶん》化しないよう、調査の手続違反に対しては、厳しい解釈がされるべきだと思います。

BUKININARU

第3章 まとめ

第3章では、税務訴訟を内容ごとに7つに類型化するという、本書独自の分析を行いました。改めて整理すると、次の7つのタイプです。

❶ **憲法違反を正面から争うタイプの税務訴訟**（タイプA）
❷ **課税実務に疑問を投げかけるタイプの税務訴訟**（タイプB）
❸ **税法の解釈・適用を争うタイプの税務訴訟**（タイプC）
❹ **納税者が通達どおりの課税を主張するタイプの税務訴訟**（タイプD）
❺ **事実の認定を争うタイプの税務訴訟**（タイプE）
❻ **法の不備が本質にあるタイプの税務訴訟**（タイプF）
❼ **調査の違法を理由とするタイプの税務訴訟**（タイプG）

こうしたタイプに類型化することで、「税務訴訟」において具体的にどのようなことを争うことができるのか、あるいは争われてきたのかが明確になり、「争い方、勝ち方」のイメージができたのではないかと思います。

このように税務訴訟をとらえると、「ダイナミック」にもみえますが、実際に訴訟をするためには、さまざまな手続的な制約も受けることになります。

次章では、税務訴訟で「争う場合の留意点」をみていきます。

参考文献等

- 木山泰嗣『税務訴訟の法律実務〔第2版〕』（弘文堂、２０１４年）
- 木山泰嗣『教養としての「税法」入門』（日本実業出版社、２０１７年）
- 木山泰嗣『新・センスのよい法律文章の書き方』（中央経済社、２０１８年）
- 木山泰嗣『武器になる「法学」講座』（ソシム、２０２１年）
- 木山泰嗣『国税通則法の読み方』（弘文堂、２０２２年）
- 中尾巧＝木山泰嗣『新・税務訴訟入門』（商事法務、２０２３年）

COLUMN

税務訴訟にかかわる人たち❸
――納税者代理人――

税務訴訟をスタートさせるのは納税者です。検察官が起訴することで始まる「刑事訴訟」と異なり、行政訴訟を含めた「民事訴訟」は、原告の訴《うった》え提起により始動します。

「訴えなければ、裁判なし」といいますが、個人であれ企業であれ、課税処分などの行政処分に疑問をもち、課税庁を被告として訴訟を提起するのは「納税者」になります。

といっても、争いの対象になる「税法の解釈・適用」について、納税者自身が詳しくわかっているということは、通常ありません。「弁護士代理の原則」の下、課税処分などの行政処分の適法性を裁判所に問うのは、納税者の代理人となる弁護士です。

税務訴訟は、通常の訴訟よりも専門性が高く、難解なものであると、弁護士の間では認識されています。その成り手は、税務に専門的に取り組んでいる「法律事務所」に所属する弁護士であることが多いのは、そのためです。

第４章

争う場合の留意点とは？

熱狂がそこにはあった。サッカー、ラグビーのワールドカップ、侍ジャパンのＷＢＣ。勝つためには、ゴールに向かうための「戦略」が必要かもしれない。しかし、そのまえに知っておくべきことがある。そのゲームのルールだ。

1 税務訴訟では「処分の取消し」を求めることが必要になる
——取消訴訟中心主義

税務訴訟で納税者が争うことになる「対象」とは何か？

これまで本書で述べてきたのは、「**税務訴訟とは、どのようなものなのか？**」という実態についてでした。

実際に勝訴した例を取り上げた序章に始まり（敗訴した例もありましたが）、税務訴訟の本質を理解するために必要な考え方として、**「納税の義務に対する誤解」を解消するための「理論」**を第1章で述べました。

統計データなどから、その実際としての「現実」を第2章で概観し、前章の第3章では、税務訴訟の「争い方、勝ち方」を7つのタイプに類型化し、分析をしました。

本章では、少しテクニカルなことをみていきます。「**税務訴訟で納税者が争うことになる『対象』とは何か？**」という専門技術的なお話です。

一般の方向けの本書では、この部分について、あえて避けたうえでここまで説明をしてきました。しかしそうであったがために、「ぼやかした表現をしてきた『**行政処分の取消し**』とは何を指すのだろう？」という疑問が、すでに生じていた読者の方もいるかもしれません。

専門書ではないため、ごく簡潔にとどめますが、ここで「**税務訴訟で納税者が争う対象**」をみておきたいと思います。

行政訴訟も広い意味では「民事訴訟」の一種

民事訴訟の方法には、３つあるといわれています。具体的には、次のとおりです。

① 金銭の支払などの一定の給付を求める「**給付訴訟**」
② 特定の法律関係の確認を求める「**確認訴訟**」
③ いったん形成《けいせい》された法律関係の変動を求める「**形成訴訟**」

裁判の種類

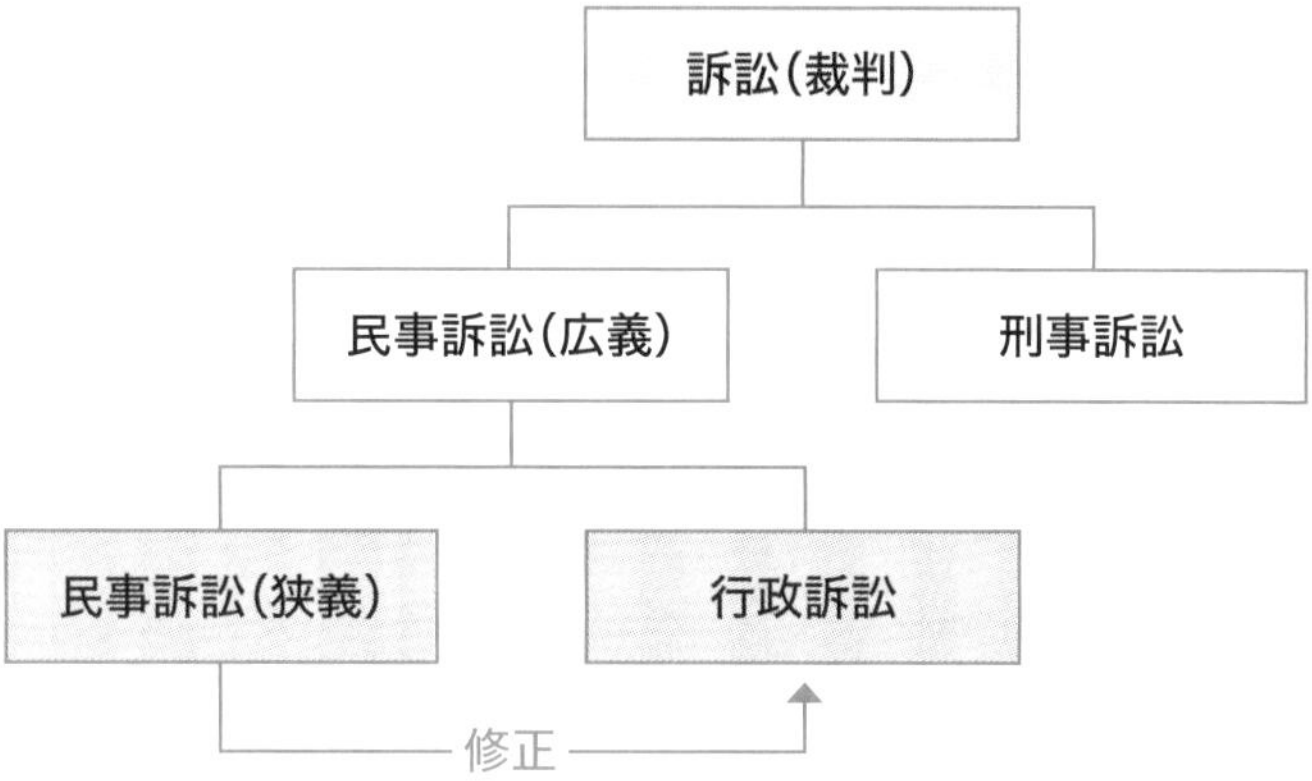

国家権力が被告として当事者になる点で、私人《しじん》同士の紛争である「民事訴訟」の修正バージョンとして、「行政訴訟（税務訴訟）」は存在します。

行政訴訟は、「刑事訴訟」のように犯罪と刑罰を確定させる手続ではありません。この点で、**行政訴訟も広い意味では「民事訴訟」の一種なのです**（上の図を参照）。

税務訴訟は、私人である納税者が、国家権力である課税庁の行った行政処分を争う訴訟がメインになります。課税処分などの行政処分の種類については、次項で後述します（第4章2参照）。

とりあえず、ここでは税務署長が行う「**課**

税処分などの行政処分」という表現をしておきますが、**その取消しを求めて国を被告として訴訟を提起するのが、国税に対する税務訴訟になります**（地方税の場合は、地方団体が被告になります）。

取消訴訟とは何か？

このように行政庁が行った「処分」（行政処分）について、それが「違法」であると納税者が主張し、その「取消し」を裁判所に求めるものですから、こうした「**処分の取消しを求める訴訟**」（**処分取消訴訟**）は、いったん形成された法律関係の変動を求める「**形成訴訟**」（③）に属するものになります。

そして、行政処分の取消しを求める行政訴訟としての「**取消訴訟**」は、「**抗告《こうこく》訴訟**」に位置づけられます（「行政事件訴訟法」という法律に定めがあり、抗告訴訟とは、「**行政庁の公権力の行使に関する不服の訴訟**」であると定義されています）。

納税者が納付した税金の返還を求めたいと考えたときには、これを取り戻すため、税金の還付を直接的に求める「**不当利得《りとく》返還請求**」（**還付《かんぷ》請求**）を行えばよいようにも思えます。つまり、金銭の支払などの一定の給付を求める「**給付訴訟**」（①）をすればよいのではないでしょうか。民事訴訟（狭義）では、これが基本です。

しかし実際には、課税処分などの行政処分の取消しを求める「取消訴訟」（形成訴訟、抗告訴訟）を起こし、裁判所が「この処分を取り消す」という判決を下すことで、ようやく納めた税金は納税者に返還（還付）されることになります。

取消訴訟を起こすことが必要な理由

このように「取消訴訟」を起こすことが必要になるのは、なぜか。それは、税務署長などが行った「行政処分」には、「**公定力**《こうていりょく》」という特殊な効力が働いているからです。日々、反復的、継続的になされている「**行政処分**」は、**権限ある行政庁や裁判所の確定判決によって取り消されない限り、適法・有効なものとして扱われます**。これが、「公定力」の力です。なかなかのパワーですよね。

こうして、**税務訴訟の中心は、「行政処分」にある「公定力」を取り除くための「取消訴訟」になるのです**。これを「**取消訴訟中心主義**」といいます。

2

取消しを求める「行政処分」とは？

——課税処分と徴収処分、本税と加算税

前項のとおり、税務訴訟は行政処分にある「公定力」を取り除くために、その処分の取消しを求める「取消訴訟」が中心になります（取消訴訟中心主義）。

では、実際に納税者が、国を被告として裁判所に「取消し」を求める対象になる「**行政処分**」には、どのようなものがあるのでしょうか？

これまで「課税処分などの行政処分」というぼやかした表現をしてきたのには、筆者の意図がありました。それは、本書が専門家ではない方にも、「税務訴訟の実際」を知っていただくための書籍になっているからです。

訴訟のなかでも「専門性」が高い「税務訴訟」については、専門用語を前提にした解説がされがちです。もし、この手の解説手法を採用するならば、「税務訴訟で取消しを求め

る『行政処分』には、次のような種類があります」という説明が、本書の冒頭では必要になっていました。

しかし、それでは、最初から聞いたことのない「専門用語の説明」のオンパレードになってしまいます。中身に興味・関心をもつまえに、本書を読もうとされていた方が、「むずかしい」「よくわからない」と挫《くじ》けてしまうかもしれない。この点に配慮し、本書では、あえてぼやかした表現を用いて「課税処分などの行政処分」という表現を用いてきました。

課税とは、納税義務を確定させる方式

結論からいうと、**税務訴訟で納税者が取消しを求める「行政処分」の多くは、たしかに「課税処分」になります。**

ここに**「課税」とは、（税額を含めた）「納税義務を確定させる方式」のことをいいます。**

その方式は、国税の主要税目（所得税、法人税、相続税、贈与税、消費税）では、納税者の「確定申告」で行うことになっていました。

具体的には、法定の期限までに、税務署に「確定申告書」を提出することが、納税者に

納税義務を確定させる3つの方式（課税の方法）

① 申告納税方式	② 賦課課税方式	③ 自動確定方式
納税者の申告により課税されるが、無申告・過少申告の場合は税務署長により課税される	もっぱら税務署長により課税される	法所定の事実により、手続を要せず課税される

注：課税される＝税額（納税義務）を確定させること

は原則として求められます。これは、**自分の「税額」を「確定」させるための方式**です（申告納税方式。「納税義務を確定させる方式」は全部で3つあります（図表参照））。

とはいえ、期限までに「確定申告」をしないでいる「**無申告**」の納税者や、本来納めるべき税額よりも低い計算をした「**過少な申告**」（**過少申告**）を行う納税者もいます。

その場合にどのように税法どおりの「税額」を確定させるかというと、「無申告」の場合には、税務調査を経て、所轄《しょかつ》の税務署長が税額を確定させる「**決定処分**」を行います。

また、「過少申告」の場合には、納税者が行っていた確定申告による税額を是正《ぜせい》して、これを増額させる「**更正**《こうせい》**処分**」（**増額更正処分**）を、同じく税務署長が行います。

いわゆる「**追徴課税**」は、こうした「決定処分」や「更正処分」によって行われます。これらは、いずれも税務署長による「行政処分」ですから、納得のいかない納税者は、その取消しを求めて、税務訴訟を提起することができます（ただし、訴訟のまえに「不服申立て」をさきに行う必要があることについては、第4章3で後述します）。

行政処分は課税処分に限らない

このように考えると、「税務訴訟とは、『課税処分の取消し』を求めるものであると表現してくれればよかったのではないか？」と思われるかもしれません。

そうではなく、「課税処分などの行政処分の取消し」と表現してきたことには、次の理由がありました。

それは、**税務訴訟で争われる「行政処分」は、「課税処分」に限らない**からです。納税義務の確定はあるものの、**こうして確定された税金（税額）の「納付」がされない**という場合もあるのです（私人同士でいえば、債権回収ができていない場合です）。

このような場合、たとえば給与などの支払をする際に、会社が行うべき「源泉徴収」（源泉所得税を支払の際に天引《てんび》き徴収して、翌月10日までに税務署に納付すること）がされていないことが税務調査で発覚した場合、その納税者（会社）に対して税務署長が、「**納税告知**」という「行政処分」を行います。

源泉所得税を徴収して納税すべき義務（源泉徴収義務といわれる納税義務）は、所得税法の定める所定の「支払」をしたときに、手続を要せずに「確定」すると「国税通則法」に定められています（**自動確定方式**）。

そのため、源泉徴収漏れ（源泉所得税の未納付）があった場合、税務署長は、「これから**支払時に確定していた納税義務（源泉徴収義務）について、税（源泉所得税）を『徴収』することを開始しますよ**」という「**徴収処分**」をするのです。

これが、「**納税告知処分**」と呼ばれるものです。こうして、「源泉所得税の未納付」がある場合になされる「納税告知処分」についても、源泉徴収義務者である納税者は、この取消しを求めて税務訴訟を提起することができます。

加算税や延滞税の特徴は？

ほかにも「徴収処分」はあるのですが、**税務訴訟は「課税処分」だけでなく、「徴収処分」**

の取消しを求める場合もあるということです。

納税者に「無申告」や「過少申告」、あるいは「源泉所得税の未納」があることが税務調査で発覚すると、税務署長はこうした事実によって、納税者が本来納めるべきであった税額（本税）について、「決定処分」や「更正処分」、あるいは「納税告知処分」をして、追徴《ついちょう》を行います。

その際に、附帯《ふたい》して課される税金（附帯税）として、「**加算税**」と「**延滞税**」もあります。

本書でもみてきたように、加算税は、こうした納税者が行うべきことを法定の期限内に行っていなかったことに対する「行政上の措置」（ペナルティ）です。その状態に応じて、加算税には種類があります。

具体的には、無申告の場合には「**無申告加算税**」（**本税の15%が原則**）、過少申告の場合には「**過少申告加算税**」（**本税の10%が原則**）、源泉所得税の未納付の場合には「**不納付加算税**」（**本税の10%が原則**）というものです。

さらに、これらの3種類の加算税に代えて、「隠蔽《いんぺい》」行為や「仮装《かそう》」行為を納税者が行っていた場合には、重い加算がされる「**重加算税**《じゅうかさんぜい》」（**本税の35%**（過少申告、源泉所得税の

税務訴訟で取消しを求める対象になる「行政処分」の一覧

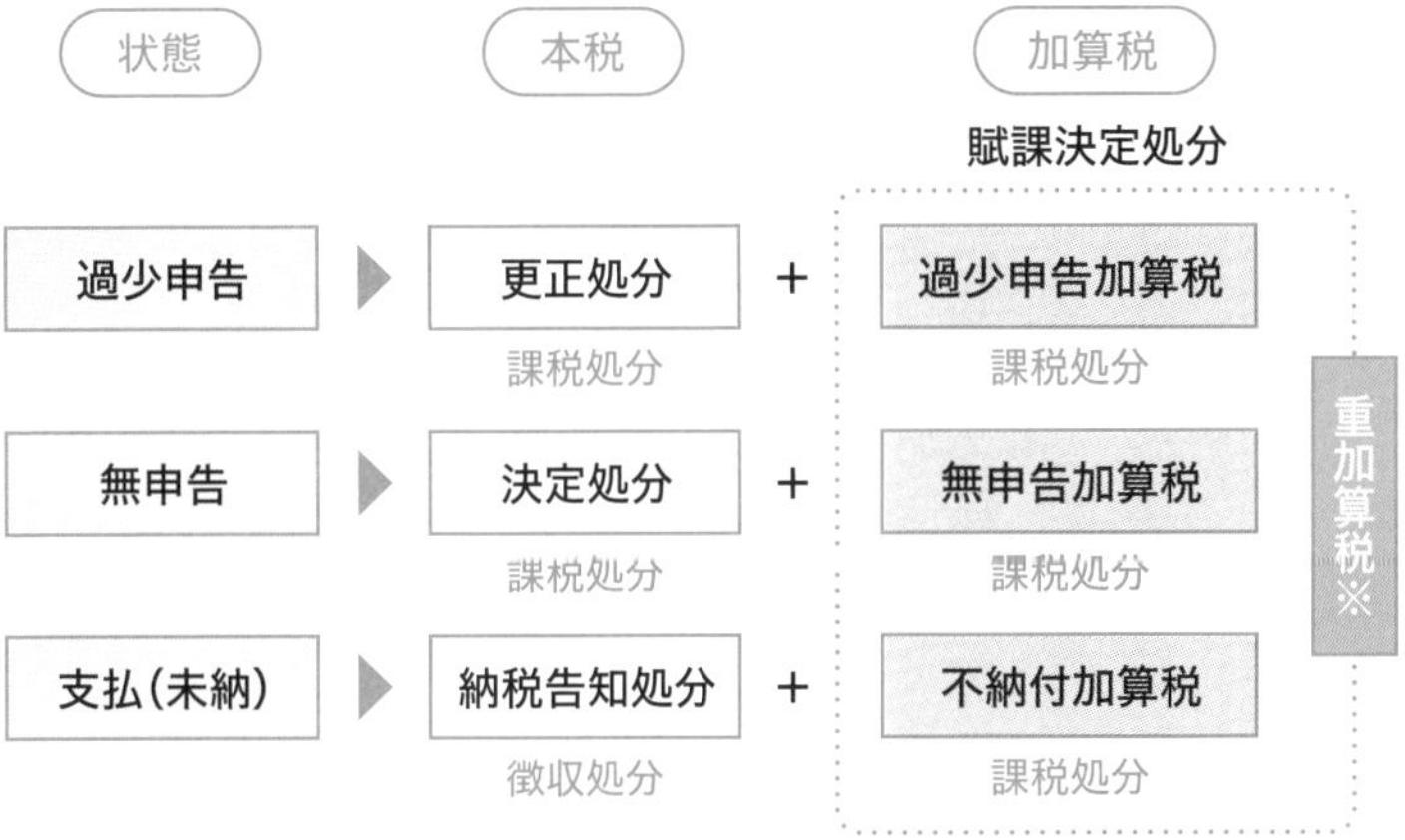

※隠蔽または仮装があった場合、各種加算税に代えて賦課される

未納付の場合)、または**40%**(無申告の場合)が原則)が賦課《ふか》されます。

こうした「加算税」は、税務署長が「賦課決定」という行政処分を行うことで、納税者に、本税とは別に賦課されることになります(**賦課決定方式**)。

「加算税の賦課決定処分」は、「課税処分」の1種ですが、これも、税務訴訟で納税者が取消しを求める対象になります。

もう1つの「附帯税」である「**延滞税**」は、法定の期限までの納付(いわば債務の履行《りこう》)がなかったことに対する「**遅延損害金**」です。

これも、追徴される場合に本税とは別

に納付が必要になるものですが、これまでみたような「行政処分」をすることなく、延滞税は、延滞の事実によって「国税通則法」の定めに基づき自動的に計算されます（自動確定方式）。

そのため、少し細かい話にはなりますが、**延滞税については、取消しを求める対象にはなりません。**

一般に追徴に不服のある納税者は、本税（たとえば更正処分）と加算税（たとえば過少申告加算税の賦課決定処分）について取消しを求めることになります。**（納付していた）延滞税は、本税の処分が違法として取り消されれば、それにともない還付されることになります。**そのため、固有に取消しを求める必要はないのです。

なお、延滞税のみを争うという税務訴訟もあります。

その場合は、延滞税の納付義務が存在しないこと（延滞税納付義務の不存在）を確認する訴訟（第4章1〔前項〕で説明した②**確認訴訟**）を提起することになります。

TAX LAW

3

審査請求を「前置」することが求められる
——審査請求前置主義

審査請求前置主義とは？

売買代金の支払請求でも貸金《かしきん》の返還請求でも、一般の民事訴訟はいつでも訴えを提起することができます。そして、「訴訟のまえには調停をしなければならない」という決まりも原則としてありません（離婚などの家事《かじ》事件では、調停をしても整わない場合にのみ、訴訟を提起できる「**調停前置《ぜんち》主義**」はありますが）。

これに対して**税務訴訟の場合には、いきなり裁判所に訴訟を起こすことはできません**。本書でもすでに述べたように、まずは「**審査請求**」を行うことが必要になります（第2章

2参照）。国税不服審判所で審理される「審査請求」という行政不服申立てを、訴訟のまえ（前）に置く必要があるという意味で、これを「**審査請求前置《ぜんち》主義**」といいます。

また、納税者の選択で、審査請求のまえにもう1つの「行政不服申立て」（不服申立て）を介在させることも可能です。

処分を行った税務署長に対して、再考《さいこう》を求める「**再調査の請求**」です（第2章3参照）。再調査の請求から入る場合、「再調査決定」で棄却《ききゃく》された納税者は、（訴訟をするためには）さらに「**審査請求**」を行うことが必要になります。

このような「再調査の請求」から入る場合には、訴訟のまえに「**二段階の不服申立て**」をすることが必要になります。

２０１４年（平成26年）に「行政不服審査法」が改正される（これにともなう「国税通則法」の改正も含む）までは、こうした「二段階の不服申立て」がむしろ原則でした。税務署長に再考を求める「**異議申立て**」（現行法の「再調査の請求」）を行い、それが認められない場合には、さらに「**審査請求**」を行い、国税不服審判所で審理をしてもらうというものでした。

税務訴訟を提起するまえに、（二段階の）行政不服申立てが求められていた（ただし、青色申告の承認を受けた納税者は、例外的に選択により審査請求から入ることも可能でした）ことから、**「不服申立前置主義」**と呼ばれていました。

現行法も、「不服申立前置主義」であることに変わりはありませんが、審査請求だけでよいことが原則になったので、「審査請求前置主義」と呼ばれています。

税務訴訟ではない行政訴訟では、「自由選択主義」が原則

こうして2014年（平成26年）の法改正で、「不服申立ての一元化《いちげんか》」がなされたこの仕組みですが、税務訴訟ではない行政訴訟では、**「自由選択主義」**がむしろ原則になっています。

「自由選択主義」とは、**行政訴訟を提起しようとする場合に、「審査請求」（行政不服申立て）から入るか、いきなり裁判所に訴訟を提起するかは、国民の自由な選択によって決められるという考え方です。**「民事訴訟法」の特則として定められた「行政事件訴訟法」には、この「自由選択主義」が原則であることが明記されています。

この点で、税務訴訟で「審査請求」の前置《ぜんち》が必須になっているのは、自由選択主義の

「例外」になります。行政事件訴訟法が定める「原則」(自由選択主義)の「例外」としての「審査請求前置主義」が、国税通則法に定められていることになります。

審査請求の「前置」が求められる税務訴訟ですが、**国税不服審判所長の「裁決」が下されるまえでも、裁判所に訴訟を提起できる場合があります**。それは、**審査請求をしてから3か月を経過しても裁決が下されない場合です**。

審査請求で「裁決」が下されるまでは、1年の「標準審理期間」いっぱいの時間が通常は必要になります。現実には、審査請求をしてから3か月以内に「裁決」が下されることは、手続上却下される場合を除き、ほとんどありません。

この点で、審査請求で争うよりも、税務訴訟で争うほうが請求が認容される可能性が高いと考えられる場合には、**裁決が下されるまえに、審査請求から3か月を経過した時点で税務訴訟を提起して、「訴訟」をスタートさせてしまう**という方法もあります。

審査請求のほうが認容される可能性が高い「事実認定を争う場合」「個別事例の処理に過ぎない場合」(第2章5参照)には、審査請求の「裁決」に期待がかかりますから、どのような選択をするかは、状況に応じて、「審査請求」と「税務訴訟」のメリット・デメリットを考えながら(第2章4、5参照)決めることになるでしょう。

行政訴訟における「審査請求」と「訴訟」の関係

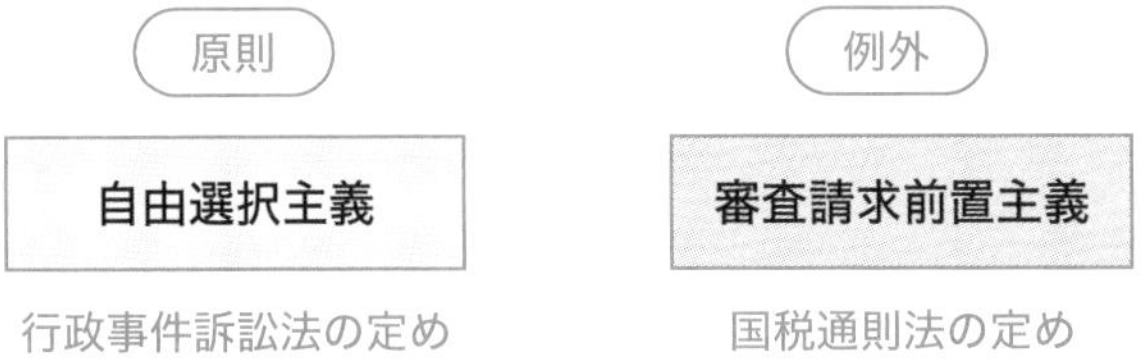

税務訴訟を提起するまでのプロセス

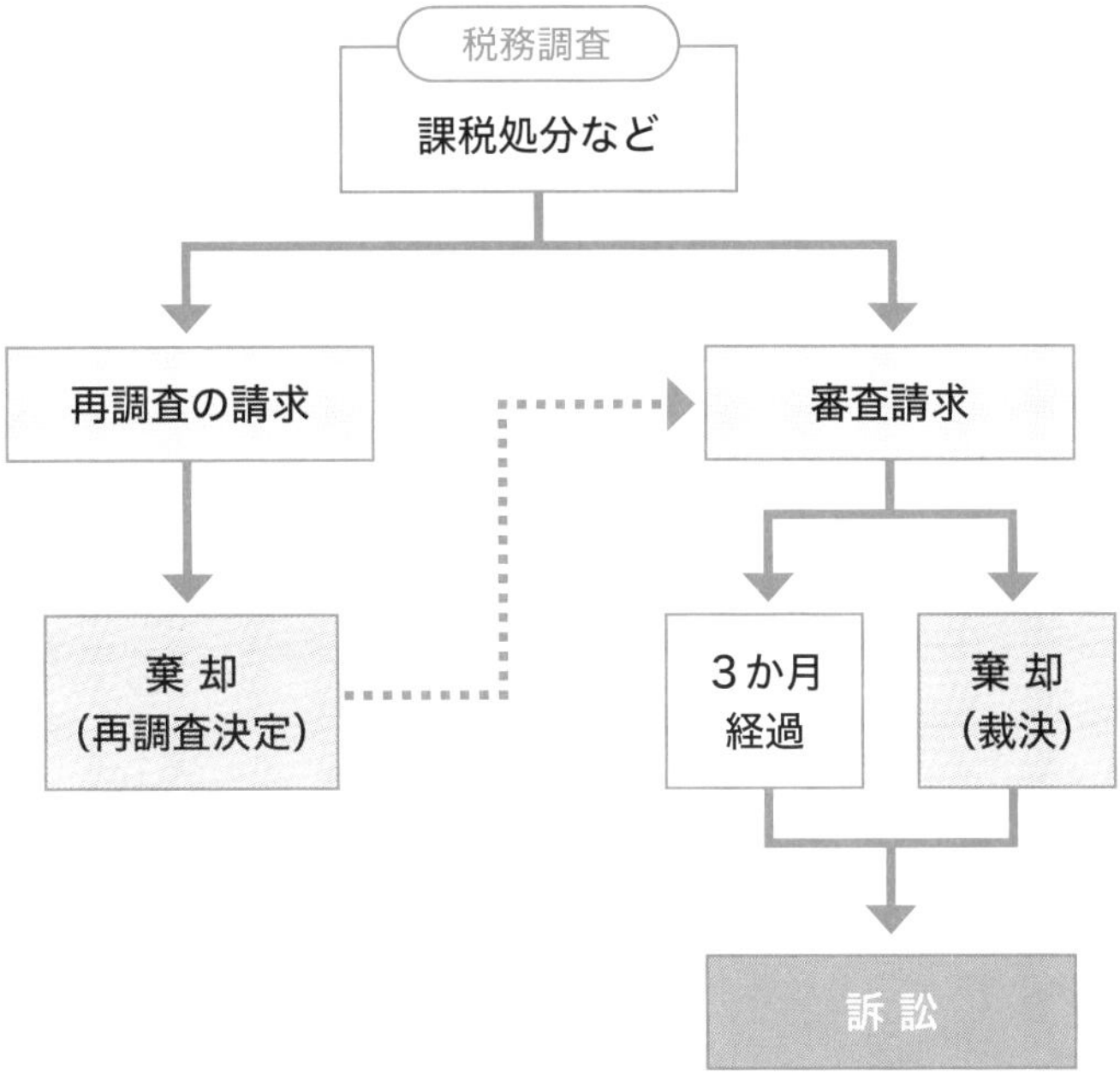

TAX LAW

4

不服申立ても税務訴訟も、期限を守らなければならない
——出訴期限など

不服申立てや税務訴訟を行う際の期限とは？

税務訴訟を提起するまえに行う必要がある「審査請求」ですが、取消しを求める「行政処分」を受けてから、いつでもできるわけではありません。

更正処分などの行政処分は書面で通知されますが、**その「通知書」を受け取ってから3か月以内に、「審査請求」を行う必要があります**。この3か月を経過してしまうと、その処分を争うことはできなくなってしまいます。**審査請求のまえに「再調査の請求」を行う場合にも、この3か月の「期間制限」があります**。

期限を超えても、そのことについて「正当な理由」が認められるときは、例外的に3か月経過後の「不服申立て」（審査請求、再調査の請求）が認められることが、「国税通則法」に定められています。

しかし実際には、「正当な理由」は、自然災害などが起きて手続をとることが困難であったような「やむを得ない事由」が必要です。

納税者としては、期限を超えたら、基本は争えなくなるものと考え、「期間制限」に注意する必要があります。

審査請求の結果、国税不服審判所長から「裁決」がなされると、書面で納税者に「**裁決書**」が送付されます。請求が棄却された場合で、さらに裁判所に「税務訴訟」を提起しようと考える場合も、「期間制限」に注意が必要です。

処分の取消しを求める**「税務訴訟」は、裁決書が送達《そうたつ》されてから6か月以内に起こさなければならないからです。**この提訴のできる期間を「**出訴《しゅっそ》期間**」といいます。

なお、納税者が選択により、**「再調査の請求」から始めた場合には、請求を棄却する「再調査決定書」が送達されてから、1か月以内に「審査請求」を行う必要があります。**その後の手続の期限は、これまで述べたのと同じです。

このように**一般の民事訴訟と異なり、税務訴訟を行うためには、不服申立てと訴訟提起について、いずれも「期間制限」を守ることが必要になります。**その例外は、「正当な理由」という厳しいハードルの下で認められるものしかありません。

【注】

「正当な理由」もなく、期間を過ぎてしまった場合、処分取消訴訟の提起は困難ですが（訴えを提起しても、門前払いの「**却下**《きゃっか》**判決**」をされてしまいます）、処分が「**無効**」であることを主張して、（納めすぎたと主張する税金の）不当利得返還請求訴訟（第4章1の①「給付訴訟」）を提起する方法は残されています。

しかし、行政処分が「無効」と判断されることは極めて少なく、「違法」と判断されれば取り消されることになる処分取消訴訟よりも、ハードルがとても高くなってしまいます。

TAX LAW

5

争う場合でも、納税をしておくことが必要
——執行不停止の原則

税額に不服があっても納税することが大切な理由

これまであまり明確にしてこなかったことで、気をつけるべき点がもう1つあります。税務訴訟に勝訴したことで、納めていた税金が「還付《かんぷ》」されたという表現はこれまでも使ってきました。これは**逆にいえば、税務訴訟で争った納税者も追徴《ついちょう》された税額を納めていたということです**。

行政処分には、「公定力《こうていりょく》」がありました。**いったんなされた行政処分は、権限ある者に取り消されない限り、有効・適法なものとして扱われるものです**。

具体的には、行政処分を行った税務署長が、自ら誤りを認めて職権で取消しをすることはめったにありませんが、次のようなケースがあります。

- 「再調査の請求」が認容され、税務署長の「再調査決定」によって取り消される場合
- 「審査請求」が認容され、国税不服審判所長の「裁決」によって取り消される場合
- 裁判所の「確定判決」によって処分が取り消される場合（これが、まさに税務訴訟で勝訴した場合）

反復的・大量的に国民になされる行政処分は、こうしたプロセスを経て、権限ある者に取り消されない限り、有効・適法なものとして扱われます。

そのため、行政処分によって追徴されることが決まった税額を、納税者が納付しなければ延滞税が発生しますし、滞納額について徴収税額を確保する観点から、納税者の保有財産が差押えをされることもあります。

このように「公定力」が働くため、更正処分などの行政処分がされた場合、これに対す

る不服申立て（審査請求、再調査の請求）を行ったとしても、あるいは税務訴訟を提起したとしても、**取消しの判断がなされてそれが確定するまでは、行政庁による執行が停止することはありません**。これを「**執行不停止《しっこうふていし》の原則**」といいます（例外を求める方法はありますが、執行の停止を求める申立てが、更正処分などの税をめぐる処分で認められることは、要件が厳しいためほとんどありません）。

「執行不停止」（**行政処分に基づく執行が停止されない**）ということは、追徴された税額の納付がなければ、「**保有財産が競売にかけられる**」というリスクもあることになります。ただし、不服申立てを行っている間は、「換価《かんか》」はできないことが「国税通則法」に定められています。

このように、**税務訴訟を提起する場合に気をつけるべき点は、追徴された税額に不服がある場合でも、まずは納付をしておくことです**。

納付をしておけば、逆に、数年の年月をかけて確定判決により更正処分などが取り消された場合、納付していた税額には「利息」もついて戻ってくることになります。この利息は「**還付加算金**《かんぷかさんきん》」と呼ばれるものですが、「国税通則法」に計算の規定が定められています（納付の日から還付される日までの期間について、所定の割合を掛けて計算されます）。

BUKININARU

第4章

まとめ

第4章では、「争う場合の留意点」をみてきました。

一般の民事訴訟と異なり、課税庁（国または地方団体）を被告として行政訴訟を提起することになる「税務訴訟」には、さまざまな制約（ルール）がありました。**「税務訴訟」は、行政処分の効力に不服を述べる手続になるからです。**

その取消しを求めるためにとらなければならない「手続」についてルールがあり、まずは、国税不服審判所の「**審査請求**」から行うことが必要でした。納税者の選択により、処分を行った税務署長に再考を求める「**再調査の請求**」から入る場合でも、「税務訴訟」のまえに「**不服申立て**」（行政庁に対する不服申立て）が必要でした。

それぞれの手続で請求が棄却された場合に、さらに行う手続を含めて、そこには「**期間制限**」もありました。期限を過ぎてしまうと、基本的に争うことはできなくなってしまいますので、注意が必要です。

不服申立や税務訴訟を提起して争う場合でも、**争っている最中には、「行政処分」の効力は有効・適法であり、執行は止まりませんから、追徴された税額の納付が必要でした。**

これらは、行政処分に生じる特殊な効力である「**公定力**」があるために生じる制約でした。一般の民事訴訟のように、いつでも自由に裁判を起こせるわけではないのです。

次章では、「税務訴訟の社会的意義」を明らかにしたいと思います。

（注）本書は、国税に対する税務訴訟を中心に扱っているため、地方税の争い方については詳述していませんが、「不服申立て」を行ってから裁判所の訴訟を提起する必要がある点や、期間制限がある点は基本的に同じです。

参考文献等

- 木山泰嗣『税務訴訟の法律実務〔第2版〕』（弘文堂、２０１４年）
- 木山泰嗣『教養としての「税法」入門』（日本実業出版社、２０１７年）
- 木山泰嗣『国税通則法の読み方』（弘文堂、２０２２年）
- 中尾巧＝木山泰嗣『新・税務訴訟入門』（商事法務、２０２３年）

COLUMN

税務訴訟にかかわる人たち❹
――補佐人税理士――

税務訴訟の「判決文」をみると、訴訟代理人としての弁護士のほかに、「補佐人《ほさにん》」が掲載されているものがあります。補佐人とは、どのような人を指すのでしょうか？

「税理士法」では、税理士の業務として「税務代理」(不服申立て、税務調査の代理も含みます)、そして、「税務書類の作成」「税務相談」を挙げています。

これに加え、「租税に関する事項について、裁判所において、補佐人として、弁護士である訴訟代理人とともに出頭《しゅっとう》し、陳述《ちんじゅつ》をすることができる。」という規定もあります。これが、「補佐人」の根拠規定です。

弁護士が納税者である原告の訴訟代理人として選任されている場合、代理人である弁護士の訴訟活動について「租税に関する事項」を、税理士が補佐できるということです。

２００１年（平成13年）の改正法で導入されたものですが、20年の歳月を経て、いまでは税務訴訟における「弁護士と税理士のコラボ」は定着しました。

第5章

税務訴訟の社会的意義

納めた税金で日本という国はまわっているわけでしょ。それなのに、「税法の解釈」について裁判を起こしてまで、国と争うってさ。勝訴して納めた税金が返ってきた。よかった。でもそれって、社会的にみてどうなのよ?

TAX LAW

1

報道されることの価値

税務訴訟のメディアでの扱い

税務訴訟の判決が、テレビのニュースで大々的に報道される例は少ないです。再審を勝ち取った無罪を争う刑事訴訟や、凶悪犯罪や悪質な交通事故などで世間を騒がした被告人の判決言渡しなどが、情報番組の生放送で中継されていることを考えると、税務訴訟は世間に知られることなく、ひっそりと行われているものになるかもしれません。

そこまでの取り上げられ方をされることはほとんどない税務訴訟ですが、「戦後最大の税務訴訟」と呼ばれた「**ストック・オプション訴訟**」の代理人を弁護士として担当していた筆者は、報道陣のカメラが多数集まるなかで最高裁の門をくぐったことがあります。
判決後の記者会見のシーンなどを含め、まだ弁護士になって数年の若いころの自分の姿がテレビに少し映っているのを、帰宅してから録画でみた記憶も残っています。
テレビで判決が取り上げられる税務訴訟は、そういう意味ではごくまれであるのが現実で、「ストック・オプション訴訟」は、そのまれなものに位置づけられるものでした。

とはいえ、**判決が下されると、それが新聞記事としてまとめられる「税務訴訟」は、それなりにあります**。序章で紹介したものは、比較的著名なものが多かったため、そのいくつかは判決当時、新聞で記事にされていました。「年金二重課税事件」などは、新聞の一面に大きく掲載されていたのを切り抜いた記憶があります。

テレビや新聞というより、いまはインターネット上のニュース記事のほうが読まれる時代かもしれません。令和に入ってからの最近の税務訴訟でも、課税処分が取り消された判決や税額の大きい事件、課税の方法をめぐり話題を呼んだ事件など、日常的に税務関係者のＳＮＳで投稿されたものからリンクされた、税務訴訟に関するウェブ記事を読む機会は多いという実感が、筆者にはあります。

令和時代に入ってからマスコミに大きくとりあげられたものに、「節税マンション事件」があります。

2022年（令和4年）の4月に最高裁判決が下されたときには、じつは事前に新聞社からの取材を受けており、当日に送信された判決文を読み、大学の授業を終えたあと、夜に電話でコメントをしました（そのときのコメントは記事に掲載されませんでしたが、本書で繰り返し登場した「武富士事件」や「競馬大阪事件」などでは、新聞に筆者のコメントが掲載されたこともあります）。

税務訴訟が報道されることの社会的意義

残念ながら、税務訴訟はだれでも理解しやすい「刑事訴訟」や「民事訴訟」の判決と異なり、**「税法の解釈・適用」をめぐる争い**であるため、専門性が高く、一般の人が読む新聞やウェブ記事では、その正確な情報を得ることはむずかしいです。

それでも、国税当局と課税をめぐる裁判があり、判決が下されたことが報道されることには意味があります。それは、「**税務訴訟が報道されることの価値**」と表現できます。

具体的には、報道されることで、本書の第1章で述べた**「納税の義務に対する誤解」が解ける可能性があります**。

そこまでいかなくとも、何らかのメッセージを情報の受け手は感じ取ることができるでしょう。国民には、無条件に「納税の義務」があるわけではなく、裁判で課税を争うこともできることが伝わるはずだからです。

「国税が最高裁で敗訴」という見出しがあれば、この感覚はよりリアルになるでしょう。「第1審を覆《くつがえ》し、東京高裁は課税を適法と判断」などという見出しをみれば、納税義務は法律によって画一的に決まるものではなく、裁判所によって結論が異なるほど、「問題になり得る何かがあること」を感じ取ることもできるでしょう。

その意味は、本書でこれまで述べてきたことの争いになるわけですが、税務訴訟が**「報道されることの価値」**は、他の裁判よりも地味であるようにみえて、じつはさまざまあるといえます。

このように税務訴訟には、それがマスコミを通じて「報道されること」で生じる「価値」が、情報の受け手である国民にもたらされるという社会的意義があります。

TAX LAW

2 「恣意的な課税」を抑止する効果

租税法律主義は、課税庁の「恣意的な課税」を防ぐためにある

納税義務は、「法律」の根拠規定がある場合にのみ生じるものでした（第1章参照）。現実の課税は、税法の規定をその事実に適用することでなされます。より具体的にいえば、**課税要件を充足する事実があるという認定の下で、納税義務（課税権）は発生することになります。**

これは、憲法の定める「租税法律主義」から導かれる考え方です。では、租税法律主義はなぜあるのかといえば、**課税庁による「恣意的《しいてき》な課税」を防止するためでした。**

ある納税者が、税務署長から行われた課税処分などの行政処分を争う「税務訴訟」を提

起する場合、**裁判所が審理するのは、あくまでその処分が「税法の解釈・適用」として正しいかどうかです**。

それが正しいとなれば、当該処分は「適法」と判断され、納税者の請求は棄却されます。逆に、誤っているとなれば、当該処分は「違法」と判断され、納税者の請求は認容されます。そして、当該処分は裁判所の判決によって取り消されることになります。

この判断が確定すれば、確定判決によって取り消された行政処分は、「公定力《こうていりょく》」がなくなってしまいます。

こうして、当該処分に基づき納付していた税額は、「還付加算金《かんぷかさんきん》」（法定利息）とともに納税者に「還付」されることになります。

これが、「税務訴訟」の結末です。

税務訴訟は、その納税者にのみ影響が生じるものなのか？

このように考えると、税務訴訟は、あくまでその訴《うった》えを提起した納税者である原告に対して税務署長からなされた、課税処分などの「行政処分の適法性」を争うものに過ぎません。

敗訴判決が確定すれば、その処分は「適法」であることが確定し、勝訴判決が確定すれば、その処分は「違法」だったことになります。

この点だけに着目すれば、広く社会に影響を与えるような意義は存在せず、「行政処分」をされたその納税者にとってのみ影響が生じる問題であるともいえます。

もちろん、それ自体は正しい見方です。訴訟の結果である「確定判決」の効力は、あくまで当事者のみに及ぶものだからです。

そしてここにいう当事者は、税務訴訟を起こした原告である「当該納税者」と、税務訴訟を提起された被告である「国」ということです。

しかし、課税処分などの「行政処分」を受けた納税者が、国を被告として裁判を起こして争うことができる（税務訴訟が一般に提起され得る）ということは、**憲法の理念である「租税法律主義」が、現実の「税務行政」において貫徹されているかについて、世に問うものであるともいえます。**

税務訴訟の社会的意義

第2章でも紹介したように、税務訴訟の統計データは、毎年6月に最新のものが公表されています。これを行っているのは、ほかでもない課税庁である「国税庁」です。税務訴訟が提起されるということは、正しい「税法の解釈・適用」に基づかない「恣意的な課税」がなされていないかが、裁判所に審理されることです。

そして、そのことについてほかでもない国税庁が統計データを整理し、公表する体制があるということは、**「租税法律主義」が現実に機能しているかがチェックされ続けていることを意味します。**

こうしてみると、租税法律主義が「画《え》に描いた餅」になることがないよう、**裁判所に「番人」としての働きを求めるのが「税務訴訟」であるといえます。**

このように、税務訴訟には当該納税者に直接生じる結果とは別に、**課税庁による「恣意的な課税」がされることがないよう、一般的にこれを「抑止《よくし》」する効果がもたらされるという社会的意義もあります。**

TAX LAW

3 複雑な税法規定の解釈を明らかにする

税制は簡素なものであることが求められる

税制には、後述するように「**簡素**」であることが求められます（第5章5参照）。租税立法が複雑であれば、「法律」で定められた「課税要件」のルールを、納税者が理解することはできないですよね。理解できない「税法」の規定がいくら文章化されていたとしても、納税者は事前にどのような場合に、どのような課税がされるのかを「予測」することはできません。また、複雑な税制であればあるほど、その解釈・適用には困難をともない、法的に安定しない課税がなされるリスクも増えるでしょう。

これでは、課税に対する「**予測可能性**」がなくなり、そして、課税の「**法的安定性**」が維持できなくなってしまいます。両者は「租税法律主義」の重要な機能ですから、税制が法律で明確に定められればそれだけでよいのではなく、できる限りシンプルに、「簡素」なものであることが求められるのです。

所得税の規定はどうなっているか？

しかし、**現実には「税制」はそれほどシンプルではありません。**

特に、個人の所得に課せられる国税である「所得税」は、1人ひとりの納税者の「**担税力**《たんぜいりょく》」（税を負担する能力）に応じた「きめ細やかな税額の計算規定」を設けています。これは、**税制に求められるもう1つの要素である「公平」を重視するもの**です。

所得税額を計算するにあたっては、どのように得た所得なのかという原因や、どのようなタイプの所得なのかという性質に応じて、10種類の所得区分が定められています。

たとえば、会社から従業員が得た所得は、一般に「給与所得」になりますが、退職を起因とするものであれば、税優遇のある「退職所得」になるため、両者の区分が「税務訴訟」で争われることもあります。

しかし、所得税法はそれぞれの所得区分について、どのような所得を指すのかを抽象的に定義するのみで、あとはその所得に当たる場合に、どのように所得の金額を計算するのかを定めるに過ぎません。

いまの例でいえば、給与所得については28条に、退職所得については30条にそれぞれ定義と計算の規定がありますが、所得税法はどちらの所得にあたるかを判断するための基準を定めてはいません。これは、所得税法の規定の「**解釈の問題**」になります。

税法規定の解釈では「判例」が重要になる

これはごく1つの例に過ぎませんが、所得税法をはじめ、「税法」を適用するにあたっては、**「税法規定の解釈」をそのつど行うことが必要になります。**

こうした解釈については、裁判所の下した過去の判決を調べてその内容を参照することになるので、「**判例**」が重要になります。

簡素が理念であっても、現実には複雑な規定と規定のすきまを「法の解釈」でうめていくことが、「税法」には必要です。これはもちろん、税法以外の法律でも同じですが、税法の解釈については、民法や商法など、法学部でだれもが昔から必ず学ぶような「メジャーな法律」ほどに、判例も確立されていないものが多いのが実際です。

金子宏《ひろし》（東京大学名誉教授。1930〜2022年）が、初版の刊行から45年以上にわたり改訂を続け、亡くなる前年（2021年）の第24版まで刊行された『**租税法**』**（弘文堂）という1000ページを超える壮大な「体系」**を編むことで、「税法」が六法と同じような独立した法分野として確立されたのは最近のことです。

その「判例」によって織りなす理論体系である「**判例法理**」も、まだまだ未解明のものが多い。それが、税法という学問分野の特色です。

こうした「税法の解釈・適用」が、裁判所の判決で明らかにされるのが「税務訴訟」です。それは、納税者が勝訴したのか、国が勝訴したのかにかかわるものではありません。

税務訴訟の争いの中心は、多くが「税法の解釈・適用」なので、**1つひとつの判決が出るたびに、1つひとつあたらしい税法の解釈が明らかにされる**といっても、過言ではありません。このあたりは、証拠による事実認定でほとんどが決着することになる「一般の民事訴訟」とは異なります。

このように税務訴訟には、単なる「勝ち負け」という結論とは別に、現行の「**複雑な税法規定の解釈を明らかにする**」ことができるという社会的意義もあります。

TAX LAW

4 正しい法律の解釈に沿った通達改正の促進

判決後に「通達」が改正された事案

これまでみてきたいくつかの「税務訴訟」では、従来の課税実務の妥当性を問い、その根拠とされていた「通達」の規定が、裁判所の判決を踏まえて改正されたものもありました。

ざっと挙げるだけでも、「競馬大阪事件」「競馬札幌事件」「株特通達事件」（第3章2参照）などがあります。これらの税務訴訟では、確定判決の解釈にあわせるかたちで、判決後に通達規定の改正がされました。

両競馬事件では、最高裁判決が出るたびに通達が改正されました。

「競馬の馬券の払戻金」は、**例外なく「一時所得」にあたる**と読める規定になっていた「所得税基本通達」（34－1）の規定が、２０１５年（平成27年）の最高裁判決（競馬大阪事件）によって、自動購入ソフトを利用して網羅的な購入を継続して行っていたような場合には、**例外的に「雑所得」にあたる**という注書がつくられました（所得税基本通達の平成27年改正）。

しかし、２０１７（平成29年）の最高裁判決（競馬札幌事件）で、自動購入ソフトを利用しないで、レースごとに独自のノウハウをもって、馬券を購入し続けて多額の利益を得た場合にも、やはり**例外的に「雑所得」になる**こともこの注書に加えられました（所得税基本通達の平成30年改正、次のＵＲＬを参照）。

https://www.nta.go.jp/law/tsutatsu/kihon/shotoku/kaisei/180517/index.htm

最高裁判決が出るたびに、競馬所得の通達規定を改正することが適切であるかについては、議論の余地があるでしょう。ただ、最高裁の下した法解釈に沿わない「行政解釈」を放置することは、もっと適切ではありませんよね。

競馬札幌事件後の通達改正（平成30年改正）

改正後	改正前
（一時所得の例示） 34－1 次に掲げるようなものに係る所得は、一時所得に該当する。 ⑵ 競馬の馬券の払戻金、競輪の車券の払戻金等（営利を目的とする継続的行為から生じたものを除く。） （注）1　馬券を自動的に購入するソフトウエアを使用して定めた独自の条件設定と計算式に基づき、又は予想の確度の高低と予想が的中した際の配当率の大小の組合せにより定めた購入パターンに従って、偶然性の影響を減殺するために、年間を通じてほぼ全てのレースで馬券を購入するなど、年間を通じての収支で利益が得られるように工夫しながら多数の馬券を購入し続けることにより、年間を通じての収支で多額の利益を上げ、これらの事実により、回収率が馬券の当該購入行為の期間総体として100%を超えるように馬券を購入し続けてきたことが客観的に明らかな場合の競馬の馬券の払戻金に係る所得は、営利を目的とする継続的行為から生じた所得として雑所得に該当する。 2　上記（注）1以外の場合の競馬の馬券の払戻金に係る所得は、一時所得に該当することに留意する。 3　競輪の車券の払戻金等に係る所得についても、競馬の馬券の払戻金に準じて取り扱うことに留意する。	（一時所得の例示） 34－1 次に掲げるようなものに係る所得は、一時所得に該当する。 ⑵ 競馬の馬券の払戻金、競輪の車券の払戻金等（営利を目的とする継続的行為から生じたものを除く。） （注）1　馬券を自動的に購入するソフトウエアを使用して独自の条件設定と計算式に基づいてインターネットを介して長期間にわたり多数回かつ頻繁に個々の馬券の的中に着目しない網羅的な購入をして当たり馬券の払戻金を得ることにより多額の利益を恒常的に上げ、一連の馬券の購入が一体の経済活動の実態を有することが客観的に明らかである場合の競馬の馬券の払戻金に係る所得は、営利を目的とする継続的行為から生じた所得として雑所得に該当する。 2　上記（注）1以外の場合の競馬の馬券の払戻金に係る所得は、一時所得に該当することに留意する。

注：色文字の部分は改正部分である

出典：別紙　新旧対照表より抜粋

https://www.nta.go.jp/law/tsutatsu/kihon/shotoku/kaisei/180517/pdf/20180629.pdf

判決に沿うよう「通達規定」を改正する意義

裁判所の確定判決に沿うよう、**行政解釈に過ぎない「通達規定」は、やはりそのつど改正がされなければなりません。**

この点で、税務訴訟を起こした結果、裁判所が通達規定と異なる解釈をした場合にも、1つの社会的にみた価値が生じることになります。

それは、**これまで通達規定で採用されてきた行政解釈の誤りを発見し、「正しい法律の解釈に沿った通達改正」を「促進」できる点**で、社会的意義があるといえるでしょう。

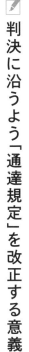

TAX LAW

5 公平性の観点から法改正を促す

税制の3要素とは？

租税立法については、3つの基本的価値を考慮すべきと考えられています。

それは、**税制には、①「公平」、②「中立」、③「簡素」が求められるという考え方です（税制の3要素）**。これは、「税制改革法」という法律に定められています。

①「公平」は、文字どおりの「公平」「平等」な税負担を指します。その意味については、**「水平的公平」**と**「垂直的公平」**の2つの側面があります。

前者（水平的公平）は、**税は1人ひとりが同じように負担すべき**というもので、後者（垂直的公平）は、**税は負担できる能力（担税力）に応じて負担されるべき**というものです。

消費税のように、同じ税率（比例税率）で税負担を求める税制もあれば、所得税のように、所得の多寡《たか》に応じた税率（累進税率）で税負担を求める税制もありますから、その税の性質に応じて、「公平」の考え方も変わることになります。

②「中立」は、税制が国民の経済活動や行動に影響を与えてはならないことを意味します。もし結婚すると、それだけで税負担が重くなるとなれば、税制が国民の婚姻という行動に影響を与えてしまうことになります。こうしたことがないよう、税制は「中立」であるべきと考えられているのです。

③「簡素」は、簡潔で単純であることを意味します。税制が「複雑」であれば、国民には理解がむずかしくなり、税負担に混乱をもたらします。税制は、できる限り「複雑」ではなく「単純」で、わかりやすくあるべきという理念です。

最後に「理念」という言葉を使いましたが、これらの３つの要素は、現実に貫徹されることは困難です。公平であるべきといっても、たとえば、賃上げやＩＴ化を促進するために、これらに積極的に取り組む企業の法人税を、一定の要件の下で減税する「税額控除」の制度を設けることは、「租税特別措置法」に多いです。

税制の３要素

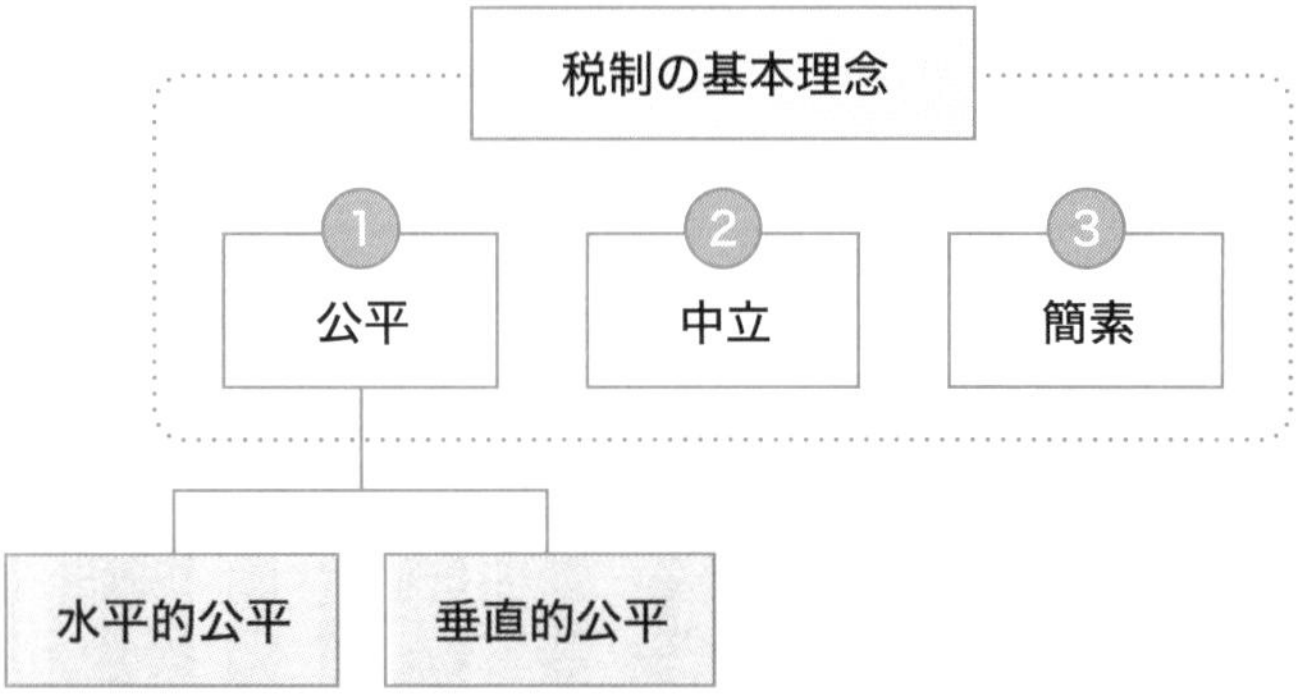

そこでは、特定の国の政策を促進する目的から、ある行為をした法人とそうでない法人とを区別した扱いを、肯定することになります。ある意味、「不公平」（不平等）ともいえますが、これは許容されることになります（もちろん、合理的な理由があればという前提にはなります）。

中立も簡素も同様です。いずれも基本理念であり、絶対的なものではありません。ある税制があることで、国民の経済活動や行動に影響をもたらすものもありますし、現実にはなかなか複雑な税額計算が求められる税制もあります。

税制では「公平」が特に重要

このように、「税制の３要素」はあくまで理念に過ぎませんが、これらを考えながら租税立法はなされるべきと考えられています。また、単に理念であるだけでなく、3つの要素すべてを追求することも、現実にはむずかしいです。そこで、たとえば公平性をきめ細かく求めることで税制が複雑になるということもあります。要はバランスです。

1988年（昭和63年）に制定された税制改革法の3条には、これらの3要素を掲げるまえに、「租税は国民が社会共通の費用を広く公平に分かち合うためのものであるという基本的認識」という文言があります。この点からみても、**「公平」が特に重要であることがわかると思います**。同法3条の全文は、次のとおりです。

> **（今次の税制改革の基本理念）**
> 第3条　今次の税制改革は、租税は国民が社会共通の費用を広く公平に分かち合うためのものであるという基本的認識の下に、税負担の**公平**を確保し、税制の経済に対する**中立性**を保持し、及び税制の**簡素化**を図ることを基本原則として行われるものとする。

しかし実際の税制では、たとえば租税回避も、明文の否認規定がなければ課税はできないため、税務訴訟を提起した納税者が、租税法律主義の下で「勝訴」することがあります。当時の相続税法の課税要件を前提に、住所を香港に移してから国外財産の贈与を行った「武富士事件」が、まさにその例でした。

租税法律主義は貫徹されていますが、租税平等主義の観点からみれば「公平」といえるか疑問は残るでしょうし、租税回避の定義をみたときに述べたように、「適法」ではあっても適切とはいえず、「不当」と評価せざるを得ないものでした（第1章6参照）。

こうした**租税回避スキームも、税務訴訟が提起されて話題を呼ぶことで現行税制の問題が認識され、より公平な税制に法改正がされる契機となることは多い**です。

もちろん、逆の場合もあります。

税法の規定どおりにすれば課税せざるを得ないけれど、課税されてしまう納税者に不公平であったり酷《こく》であったりすることが、税務訴訟が提起されることで、「裁判官の判決」を通じて認識されることもあるでしょう。

法改正につながった大嶋訴訟

それが法改正につながったのが、「給与所得者」と「事業所得者」の経費控除（所得計算）の仕組みの違いを「不公平」であると感じていた、大学教授が訴えを提起した「大嶋訴訟」でした（第1章5参照）。

大嶋先生は、最高裁判決を受けたときにはすでに亡くなられており、ご遺族が訴訟承継人となっていたわけですが、20年にも及んだ「大嶋訴訟」は、納税者（大嶋先生）の敗訴という結論よりも、その後にすぐにこの問題を是正する所得税法の改正がされたことに大きな意味があったといえます。

このように、税務訴訟には単なる「勝ち負け」という結論とは別に、**現行の税法規定に存在していた「公平性の観点」から問題が提起されることで、「法改正を促す」ことができる**という社会的意義もあるのです。

BUKININARU

第５章 まとめ

第５章では、「税務訴訟の社会的意義」を明らかにしました。具体的には次の５つです。

❶ 報道されることの価値
❷ 「恣意的な課税」を抑止する効果
❸ 複雑な税法規定の解釈を明らかにする
❹ 正しい法律の解釈に沿った通達改正の促進
❺ 公平性の観点から法改正を促す

税務訴訟は、あくまで訴えを提起したその納税者に直接の効力が生じるものです。この点では、その訴訟を提起した納税者にとって直結する「納税義務」の問題であることは、間違いありません。

しかし、こうした納税者個人の利害を超えて、課税処分などの行政処分の適法性が裁判所によって判断されることには、社会的にみても大きな価値があるといえます。

次章が「終章」になります。少しおまけ的にはなりますが、最後に、すぐに実践で使える「税務訴訟のヒント」を5つ述べたいと思います。

参考文献等

- 木山泰嗣『教養としての「税法」入門』(日本実業出版社、2017年)
- 木山泰嗣『教養としての「所得税法」入門』(日本実業出版社、2018年)
- 木山泰嗣『武器になる「法学」講座』(ソシム、2021年)

COLUMN

税務訴訟にかかわる人たち❺
――調査官――

最高裁判決で、「税法の解釈」が明らかにされます。これが、専門家からみた「税務訴訟のゴール」です。

税務訴訟へのかかわり方には、それぞれに立場があります。立場によって、最高裁判決の受け止め方にも違いが生じます。

弁護士や税理士は、納税者の立場から判決文を読みますし、課税庁の職員や訟務検事は、課税庁である国の立場から判決文を検討するでしょう。

しかし税法学者となると、少し異なる側面があります。「納税者寄《よ》りの見方」を基本スタンスとする学者も一定数いますが、判決ごとに客観的な読み方をできるのが学者の強みです。この点で、税法学者の「判例評釈」には、読み応えがあります。

最高裁判決のなかでも先例性が高いと判断されたものについては、担当した調査官が争点をめぐる議論を分析した「調査官解説」が公表されます。過去の判例や学説の分岐点などが詳細に整理されており、判決文とあわせて読むことが重要になります。

終　章

税務訴訟のヒント

最後にさ。「これいいよ」って感じの何かない？（え？）
これまでの内容で「税務訴訟」のことは何となくわかったよ。（おお）
だから最後に、知ってるだけですぐに役立つようなヒントが知りたいかも。

TAX LAW

1

理由の詳細を知るために「再調査の請求」を活用する

「再調査の請求」を選択するメリットは？

税務訴訟は裁判所で審理され、判決で結論が下されるものでした。これに対し、意外と認容件数や認容率が高いのが、訴訟まえに行われる「行政不服申立て」（不服申立て）でした。

そのうち、行政処分を行った税務署長に再考を求める「再調査の請求」は、現行法では納税者の選択によって、国税不服審判所で審理される「審査請求」のまえに行うことが可能な、いわば「任意のオプション」でした。

このように考えると、税務訴訟のまえに「不服申立て」が2段階必要になってしまうだけの「再調査の請求」を、納税者があえて選択するメリットは、特にないのではないかと思われるかもしれません。

しかし、「再調査の請求」を選択するメリットも、状況次第で十分にあります。

1つ目のメリットは、**3か月（標準審理期間）で結論が下されるため、スピーディーな解決が望める点です。**

といっても、国税不服審判所と異なり、あくまで納税者が取消しを求める行政処分を行った税務署長に対して、再度の審理をしてもらうものです。判断が覆されることへの期待は、残念ながらそれほどもてません。

それでも、認容件数が比較的多くあることには理由があります。行政処分がされた段階で見落とされていた証拠がみつかった場合や、単純な計算ミスなど、「税額計算上の誤り」が発見される場合もあるからです。

納税者としては、「確実に税額が下がる証拠」をあらたにみつけた場合や、明らかな計算誤りがあることがわかった場合などには、1年かかる審査請求に挑むまえに、「再調査の請求」で、迅速な解決を求めることにメリットがあるといえるでしょう。これが、2つ目のメリットです。

3つ目のメリットは、請求が認められることへの期待ではなく、別の観点から**「再調査決定書」の入手自体を「不服申立て」の目的にする場合**に生じます。

「再調査の請求」を行うと、3か月で「再調査決定」がなされますが、これが「再調査決定書」という書面で送達されます。

「再調査決定書」には、その事例における「認定事実」が詳細に記され、これに適用する税法規定の適用についても、その「法解釈」が示されます。更正処分などの行政処分の通知書にも、「理由」は一応示されるのですが、簡潔で抽象的な記載にとどまります。

これが「再調査決定書」になると、同じ税務署長の判断であるにもかかわらず、納税者から申し立てられた「不服申立て」に正面から答える必要が生じるため、「**詳細な理由**」が示されるのです。

こうした「詳細な理由」を手に入れるメリットは、何でしょうか？

それは、納税者が大企業の場合、株主に対する説明がしやすくなる点です。更正処分などの行政処分の取消しを求める「不服申立て」を行うか、さらには「税務訴訟」も行うか

再調査の請求のメリット

メリット1	メリット2	メリット3
3か月で結論が下されるため、スピーディーな解決が望める	税額が下がる証拠や単純な計算ミスなどが見つかった場合に、迅速な解決を求められる	詳細な理由が記される「再調査決定書」を入手できる

については、その処分を受けた企業の経営陣による「経営判断」が求められます。

株主総会などで出資者に説明する際の検討資料として、「詳細な理由」を入手したことは、1つの意味が認められるでしょう。

このように「再調査の請求」は、スピーディーに「詳細な理由」を手に入れることができる点に、じつはメリットがあるのです。

この点は大企業に限らず、中小企業でも、個人経営の法人でも、個人であっても同様といえます。

まずは「詳細な理由」を書面で入手して、それからどうするかを検討したいという納税者にとっては、3か月で結論が下される「再調査の請求」は、「不服申立て」が結果的には2回必要になるとしても、あえて選択する「独自のメリット」があるのです。

TAX LAW

2

個別事例の争いでは「審査請求」を有効活用する

「審査請求」を活用すべき場面は？

もう1つの「行政不服申立て」（不服申立て）である「審査請求」にも、活用すべき場面があります。

本書でも、すでに「審査請求」の活用メリットについては、統計データを紹介したときに言及したところですが（第2章5参照）、あらためて「個別事例」における活用のメリットを強調しておきたいと思います。

審査請求は、行政機関による「裁判手続」である点で、独立性や公平性の観点から疑問が唱えられることもあります。
しかし、その認容件数や認容率については、統計データを紹介したときにみたとおり（第2章2参照）、納税者の請求が審査請求で認容された割合である「認容率」は、直近の3年度でみても13％程度はコンスタントにあり、その件数も、令和3年度（2021年度）は160件に及んでいます。

まず、**「標準審理期間」の1年で終わる**ことがほぼ保障されています（1年以内処理の割合は毎年9割を超えていました）。また、「税務訴訟」と異なり、取消判決により得られる経済的利益に応じて金額が上がる**手数料負担も生じません**。

弁護士に依頼せずに、**「顧問税理士」などを代理人とすることも可能**です。自身で主張・立証を担えるのであれば、**納税者自身で、代理人をつけずに遂行することもできます**。

この点は「税務訴訟」でも同じですが、訴訟は手続が細かく専門性が高いので、税務訴訟を本人訴訟で行うことは、なかなかむずかしいのが現状です。

1年で決着もつき、国税不服審判所長の「裁決」で行政処分が取り消されれば、**課税庁がそれに不服を申し立てる機会はなく、判断が確定します**。

審査請求のメリット

メリット 1	標準審理期間の1年で終わることがほぼ保障されている
メリット 2	税務訴訟では必要な経済的利益に応じて金額が上がる手数料負担が生じない
メリット 3	顧問税理士などを代理人とすることが可能(自身でも可)
メリット 4	客観証拠に不足があっても、担当審判官が供述を聴取書にまとめて証拠化してくれる

これらはすでに述べたところですが、こうした「税務訴訟」のまえに行われる「審査請求」のメリットは重要なので、改めて言及しました。

審査請求で取消しが期待できるのは、「個別事例の判断」でした。客観証拠の不足があり、人の記憶に基づく供述（証言）が必要になる事例でも、担当審判官が、国税不服審判所の会議室で丁寧に事情を聴き取り、それを聴取書にまとめて「証拠化」してくれます。

行政機関の判断である点での限界があることは事実ですが、「個別事例の判断」になりそうな事例では、「税務訴訟」のまえにこの「審査請求」でしっかり主張・立証を行い、1年での決着を目指すことは、納税者にとって大きなメリットがあるでしょう。

TAX LAW

3 提訴する「管轄裁判所」を総合的に選択する

東京地裁の特徴とは？

審査請求で決着がつかなければ、いよいよ本丸《ほんまる》である「税務訴訟」です。その出訴《しゅっそ》期間としては、裁決が出てから6か月あるわけですが（第4章4参照）、後述する「法律事務所選び」（終章5）を済ませたら、代理人となった弁護士が、「どの裁判所に提訴するか」を検討することになるはずです。

コラム①で少し触れましたが、税務訴訟の第1審の管轄《かんかつ》裁判所は、東京で行われた行政処分でなければ複数の選択肢があります。

被告が国であるため、**全国どの税務署長からなされた行政処分であっても、国（法務省）の住所地を管轄する「東京地方裁判所」（東京地裁）に、税務訴訟を提起することができるからです。**

東京地裁には、行政事件を専門的に扱う「行政部」が4部あります（東京地裁民事第2部、民事第3部、民事第38部、民事第51部）。そこでは、**最高裁で税務訴訟判決が下された際に、「調査官」として事件を担当していた経験のある「行政事件」に詳しい裁判官が、これらの部の裁判長（部総括判事《ぶそうかつはんじ》）になっているのが通例です。**

こうした行政専門部は、高等裁判所（高裁）のある地方裁判所（地裁）にもありますので、**高裁のある大阪地裁や名古屋地裁などに提訴することも、処分取消しの可能性を高めるといえます。**

裁判長の傾向も調査して、提訴する裁判所を検討する

戦略的に考えると、どの裁判所に提訴するかは、単純な法律事務所からの距離などの地理的要因で判断してもよいのですが、**選択可能な「管轄裁判所」の行政部に、現在、どの**

ような裁判長がいるのかとの関係で検討することが、じつは重要です。

裁判官は数年で別の裁判所に異動するため、在籍年数も調べて、残りどれくらいその裁判所にいることになりそうかなどを予測することもできます。3人の合議制で審理される税務訴訟ですが、判決の結論を握るのは「**裁判長**」です。

特に、税務訴訟の判決が多く下されている**東京地裁では、直近の判決情報をデータベースなどで調べれば、各部の裁判長の傾向**（取消件数が多く、納税者の主張に耳を傾けてくれやすい裁判長なのか、国寄《くによ》りの判断が多い裁判長なのか）**などもわかります。**

こうした観点から、代理人となった弁護士は、提訴する裁判所を総合的な見地から選択するはずです。地裁（第1審）で勝訴しても、控訴審（第2審）で判決が覆されることはありますが、**裁判所を選択できるのは、第1審の提訴のときだけです**（控訴審は、その地裁判決を管轄する高裁に自動的に管轄が生じます）。

どこでもよいのではないかと思われるかもしれませんが、第1審で幸先よく勝訴できれば、その流れに乗りやすくなります。控訴、上告できるといっても、**現実には多くの上級審の判断は、最初の地裁判決の結論に流されます。**国を被告とする、一般に勝訴率の低い税務訴訟では、少しでも勝訴可能性を高めることが可能な選択をしたいものです。

TAX LAW

4

意見書を活用して、「税法の解釈」の主張に説得力を与える

税務訴訟では、「税法の解釈」が争点になるものが多い

税務訴訟では、純粋に当該事例における「事実認定」のみを争うものもありますが、「**税法の解釈**」が争点になるものが実際には多いです。

事実認定は「証拠」により行われるものなので、納税者としては、行政処分が前提とした「課税要件」を充足する事実（課税要件事実）がないことを反証するための、エビデンス（証拠）を収集する必要があります。

事実の認定は、当事者間に争いがないような場合（裁判上の自白が成立するような場合）

を除き、**原則として「証拠」による認定が必要になる**からです。これが、「事実認定」が争点になる場合の戦い方です。

これに対して**「法解釈」は、法の解釈について専権をもつ裁判所が、「判決書」のなかで自由に行うことができるものですが、最高裁判例が示した「先例」がないものについては、その自由度はさらに高まります。**

その税法の条文の解釈について、過去に最高裁判例がある場合は、それが基本的に参照されることになります。そうすると、前提となる事例に共通性がなく、その判例が適用される範囲にあるかという「射程の問題」が生じるくらいになってしまうからです。

しかし、「税法の解釈」を明確にした最高裁判例の数は、民法、商法など他の基本法律と比べると、まだまだ少ないのが現状です。

そのため、税務訴訟の判決で示される**「税法の解釈」は、他の事件にも影響を与える一般的な影響力をもつことも多い**のです。

裁判官は、何を参考に「法の解釈」を考えるのか？

こうした「税法の解釈」が争われる税務訴訟で、裁判官は、何を参考に「法の解釈」を考えるのでしょうか。

それは、税法の専門家の知見です。税務訴訟では、税法学者などの専門家による「**意見書**」が、当事者双方から提出されることが多いです。

課税庁である国側でも、課税処分などの行政処分が適法であることを裏付ける「意見書」を税法学者に依頼し、裁判所に「証拠」として提出することがあります。

訴訟を提起する納税者は、こうしたことも事前に予測し、**「税法の解釈」を全面に争うような税務訴訟では、「意見書」を書いてもらう「専門家」の目星をつけておくことも重要になります。**

実際、「戦後最大の税務訴訟」といわれた「ストック・オプション訴訟」では、さまざまな「意見書」が裁判所に提出されました。

納税者側1人、課税庁側1人というようなレベルではなく、それぞれが、複数の「税法学者」などの「意見書」を裁判所に提出しました。裁判所は、こうした専門家の意見を両説読みながら判断を行ったのです。

学説の分岐については、その最高裁判決を担当した調査官による詳細な解説論文である「**調査官解説**」に、整理されていることが税務訴訟では多いです（コラム⑤参照）。

憲法、行政法、税法の意見書が提出された事例

これまでの税務訴訟で、判決文のなかにも双方当事者からの「意見書合戦」の様相《ようそう》が記録されたものに、「**臨時特例企業税条例事件**」があります（第3章1参照）。

地方団体の「条例制定権」について、「『法律の範囲内』といえないのではないか」が争われた地方税の税務訴訟ですが、その高裁判決をみると、次のような表記があります（東京高裁平成22年2月25日判決・判時２０７４号32頁）。

興味深い記述なので、少し長めになりますが、以下にそのまま引用します。

本件においては、当事者双方から多くの行政法・税法学者を中心とする専門家の意見書等が証拠として提出されている。それらは、被控訴人〔筆者注：第1審の原告納税者〕の主張を結論として支持するもの（碓井光明、金子宏、岡田正則、武田昌輔、宇賀克也、長谷部恭男、水野忠恒、〔略〕）と控訴人〔筆者注：第1審の被告神奈川県〕の主張を結論として支持するもの（品川芳宣、三木義一、兼子仁、中里実、人見剛、占部裕典、高木光、阿部泰隆、吉村政穂、鈴木庸夫等、〔略〕）とに、大きく二分されており、また、結論を同じくする見解の中でも、その論拠は必ずしも同一ではない。このことは、本件の争点が慎重な検討を要する困難な問題であることを如実に表している。

「臨時特例企業税条例事件」は、**地方団体の「条例制定権」の範囲という、「憲法」、「地方自治」（行政法）、「税法」の3分野が交錯する法解釈が争われたものでした。**

そこで、「税法学者」に加えて「行政法学者」の意見書も複数提出され、「憲法学者」も意見書を書いています。

どの分野についてもビッグネームが並んでおり、「税法」の第一人者である、本書でも紹介した金子宏（東京大学名誉教授。1930~2022年。第5章3参照）も「意見書」

を書いていたことがわかります（ちなみに筆者は、この事件では、地方団体側の訴訟代理人を担当していました）。

判決文には、専門家の意見が分かれ、むずかしい問題であることの指摘があります。

実際、**この訴訟では裁判所ごとに判断が変わりました**。第1審では条例が「無効」と判断されたのですが、控訴審では「有効」と判断されました。確定判決となった上告審では「無効」とされましたが、法解釈としては、両説ともに十分な説得力をもっていたといえるでしょう。

ここまでの状態になる「税務訴訟」はさすがに少ないですが、説得力ある「意見書」を「税法学者」などから入手して裁判所に提出することで、「税法の解釈」の争点を優位に進めることができる可能性は、どの税務訴訟にもあります。

TAX LAW

5

「法律事務所」の選び方

どの法律事務所に「訴訟代理人」を頼むのかは重要になる

国との行政訴訟を戦うことになる「税務訴訟」で、納税者が勝訴するために重要なことはさまざまあります。そのいくつかのヒントを、本章では述べてきました。

いくつかのヒントで示したように、一般的な方法論はもちろんさまざまです（税務訴訟で勝訴するための書面の書き方については、弁護士の方に向けて『新・センスのよい法律文章の書き方』〈中央経済社、2018年〉という本に著《あらわ》したことがあります）。

しかし、実際に訴訟活動を遂行するのは、ほかでもない**「訴訟代理人」として納税者から依頼を受ける弁護士になります。**

税務訴訟を担《にな》うような弁護士が、個人事務所で、弁護士1人のみで構成される法律事務所の所属であることはまれです。そこで、**どの法律事務所に「訴訟代理人」を依頼するかが、納税者にとっては重要になるでしょう。**

税法学者に相談をし、背後で意見をもらいながら進める弁護士もいますし、意見書も書いてもらい、訴訟での主張内容のアドバイスを税法学者から受ける弁護士もいます。課税の現場をよく知る「税務の専門家」である税理士から知恵を拝借したり、国税当局出身のOBから意見をもらったりしながら、「訴訟戦略」を綿密に練る弁護士もいます。

そもそも、国との行政訴訟であり、多くが最高裁までの長期戦になる可能性のある「税務訴訟」では、経験のある専門性の高い弁護士が担うことが多いです。依頼を受けた弁護士は、法律事務所内などでチームをつくり、さまざまな意見を出し合いながら「訴訟活動」を行うことが多いでしょう。

こうした観点からみると、税務訴訟を依頼するべき「法律事務所」は、税務訴訟の実績があり、専門家が多数集まっているところが望ましいかもしれません。

もちろん、弁護士は基本的には法律・訴訟のオールマイティです。税務訴訟をするのが初めてであったとしても、法令・判例を調べながら、しっかりとした訴訟活動を行ってくれるでしょう（実際に筆者も、税法に詳しいわけではなかった、弁護士になって2～3年程度のころに担当した税務訴訟の複数の事件で勝訴しました。専門性の高い税理士とチームを組み、国税ＯＢ、税法学者の意見ももらいながら訴訟を進めましたが）。ただし、「一般の民事訴訟」とは異なる、本書で述べてきた「特殊性」があることは否めません。

そうすると、取消しを求める課税処分などによって追徴された税額が、それほど高額ではない「個人の税務訴訟」であれば、信頼のできる依頼しやすい弁護士（法律事務所）でも十分かもしれません。

他方で、税額が数千万円から1億円を超えるような高額な税務訴訟、あるいは株主の目も気にしなければならない企業が遂行する税務訴訟などの場合には、経験値の高い「法律事務所」にまずは相談をしてみることが重要になるでしょう。

医者におけるセカンド・オピニオンではありませんが、「不服申立て」の段階で、「訴訟」も見据《みす》えて税務訴訟の経験がある複数の「法律事務所」に相談をし、勝訴の可能性や訴訟の戦い方などのアドバイスをもらっておくのも1つの方法といえます。

30代のころに弁護士を本業として筆者が所属していた鳥飼《とりかい》総合法律事務所では、さまざまな税務訴訟を手がけていました。『租税判例百選』（有斐閣）という重要な判決（税務判例）が収録された判例集がありますが、そこに登載されている事件の、決して少なくない数の「訴訟代理人」を同事務所の弁護士が担当しています。

税法学者となったいまでも弁護士登録を同事務所でしているので、他の法律事務所の名前はここでは挙げませんが、本書で紹介した事件の訴訟代理人をどこの事務所が担当していたのかを調べていただければ、いくつかの専門性の高い法律事務所がみつかるはずです。

税務訴訟の勝訴可能性を高めるためには、やはり経験値の高い専門性のある法律事務所がよいと思います。ただし、弁護士に依頼するとなれば、「契約」の問題も発生します。オーソドックスな「**着手金＋成功報酬方式**」から、担当する弁護士ごとの「時給×実働時間」などによって計算される「**タイムチャージ方式**」など、さまざまな方法や条件の下で「弁護士報酬」を支払うことが必要になります。

どの法律事務所に依頼すべきかわからず決めかねている場合には、**専門性のある複数の法律事務所に相談し、「訴訟」を提起するまえに、「報酬の見積り」も含めたアドバイスを受けておくとよいでしょう。**

BUKININARU

終章
まとめ

終章では、実践的に役立つ情報として、「税務訴訟のヒント」を述べました。具体的には、次の5つです。

❶ **理由の詳細を知るために「再調査の請求」を活用する**
❷ **個別事例の争いでは「審査請求」を有効活用する**
❸ **提訴する「管轄裁判所」を総合的に選択する**
❹ **意見書を活用して「税法の解釈」の主張に説得力を与える**
❺ **「法律事務所」の選び方**

その内容はそれぞれの項目で述べたとおりですが、本書の各章末に掲載してきた「コラム」からも、「税務訴訟」を理解するために必要な実務上のヒントが得られると思います。

この終章を読み終えられた読者の方には、改めて各章末の「コラム」もまとめて再読されることをお勧めします。

以上で、「税務訴訟の正体」を明らかにしてきた本書は終わりです。

参考文献等

- 木山泰嗣『税務訴訟の法律実務〔第2版〕』（弘文堂、２０１４年）
- 木山泰嗣『新・センスのよい法律文章の書き方』（中央経済社、２０１８年）
- 増田稔「判解」最高裁判所判例解説民事篇平成17年度39頁

COLUMN

税務訴訟にかかわる人たち❻
——『税務訴訟入門』との出会い——

行政訴訟は専門性が高く、勝訴することはむずかしいといわれます。原告としての適格《てきかく》すら認められずに、門前払《もんぜんばら》いにされてしまうものもありました。税務訴訟も、そんな行政訴訟の１つです。課税庁である国を被告として、納税者が訴訟を起こします。

裁判官は国家公務員で、給料の原資《げんし》は税金です。税務調査を経てなされた課税処分で「違法」と判断してもらうためには、高いハードルがあります。

こうした難解で特殊性の高い分野について、被告である国税の立場から訴訟に関与していた検察官が著した１冊の名著があります。１９９１年（平成３年）に初版が刊行された『税務訴訟入門』（商事法務）です。業界では「税務訴訟のバイブル」と密《ひそ》かに呼ばれていたこの書物があって、筆者は弁護士１年目から数々の税務訴訟に取り組むことができました。

同書は版を重ね、『新・税務訴訟入門』（商事法務）が２０２３年（令和５年）６月に刊行されました。筆者も共著者として、この本の制作に携わりました。

あとがき

いかがだったでしょうか。法学入門の本が多くあるなかで、「予定調和を崩したい」と考えて取り組んだ、シリーズの前作（『武器になる「法学」講座』）から2年。本書は「税務訴訟」に特化しながら、一般の方向けのビジネス書としてつくられました。

筆者には、税務訴訟の代理人としての法廷実務の経験が約12年あり、判例評釈を書いたり、（数は多くありませんが）意見書を書いたりしてきた税法学者としての経験が8年ほどあります。しかし、そこにディープに入り込むことはせず、客観的な「税務訴訟の正体」に迫ることに徹し、専門的すぎる議論もしないよう、抑制的な文体でまとめました。

それでも、読者の方には「簡単に理解することは、むずかしい」というところも、あったかもしれません。そういうことが起きることも想定し、「再読できる本」（読めば読むほど、味の出る本）として仕上げました。何度でも、くりかえし読んでみてください。

本書の原稿を執筆したのは、大学の春休み期間でしたが、最後のゲラのチェックをしていたときに、「信託型ストック・オプション」について、国税当局と企業側で「見解の相違」

が起きたニュースが、日本経済新聞（２０２３年5月27日・朝刊）の1面で、大きく報道されているのを目にしました。この事件が「税務訴訟」に発展するかはわかりませんが、本書の中心にある課題から生じる場面であることは間違いないでしょう。

それは、大学の税法の授業や税理士の方向けの講演などで、筆者が**「永遠の二項対立」**と呼んでいるものです。国税当局は、課税庁として「税金を多くとりたい」という考えを本質的にもっており、納税者は、「できる限り税金は払いたくない」という感情を同様にもっています。この「永遠になくなることはない価値対立」から生じる問題が、**「税法の解釈」をめぐる「見解の相違」**なのです。

こうした視点をもつことができれば、今後もさまざま起き続けるはずの、課税庁と納税者に生じる問題も、その本質からの理解がしやすくなるのではないかと思います。

本書が第2章でとりあげた「税務訴訟」と「不服申立て」の統計データは、今後も更新され続けてゆきます。本書が発売されるころには、令和4年度（２０２２年度）の最新版が、国税庁と国税不服審判所のウェブサイトに公表されているはずです。

こうした情報もあわせてみていただければ、この本とリアルがリンクし、さらに税務訴訟の世界がくっきりとみえてくるかもしれません。

本書を読んで「さらに詳しいことを知りたい」と思われた読者の方は、各章末の参考文献をお読みいただくとよいと思います。「いや、専門的な論文はちょっと……」という方には、この本のシリーズ第1弾である『武器になる「法学」講座』があります。

同書には、本書に関連する情報の詳細が、さまざま書かれています。住所の判定が問題になった「武富士事件」や「複数国居住事件」も、「事実認定の手法」として詳しく取り上げていますし、法律家が「判決」をどのようにみているか（二分法の視点）、法解釈の方法、法的三段論法の詳細なども、わかりやすい例を用いながら丁寧に解説しています。

さきに書いた本ですが、いま思うと、本書のあとにそのまま読める内容になっていたのが不思議です。相互に補完できる本として、あわせてお読みいただけるはずです。

最後に、謝辞を述べさせていただきます。本書の2回目のゲラを短い時間でチェックしてくださった、鳥飼総合法律事務所の山田重則弁護士に感謝を申し上げます。本書は、前作に続き、企画・編集を担当してくださったソシムの蔵枡卓史さんなくして、誕生することはありませんでした。そのご尽力に、心より御礼申し上げます。

2023年5月

木山《きやま》 泰嗣《ひろつぐ》

に・ね・の

は・ひ・ふ

ほ

ま・み・む・も

や・ゆ・よ・り

す・せ

そ

た

ち・つ・て

と

さくいん

ABC

あ・い・え・お

か

き

く・け

カバーデザイン　山之口正和（OKIKATA）
本文デザイン・DTP　初見弘一（TOMORROW FROM HERE）

はじめて学ぶ人でも深くわかる
武器になる「税務訴訟」講座

2023年7月13日　初版第1刷発行

著　者　木山泰嗣
発行人　片柳秀夫
編集人　志水宣晴
発　行　ソシム株式会社
https://www.socym.co.jp/
〒101-0064 東京都千代田区神田猿楽町1-5-15 猿楽町SSビル
TEL：(03)5217-2400（代表）
FAX：(03)5217-2420

印刷・製本　中央精版印刷株式会社

定価はカバーに表示してあります。

落丁・乱丁本は弊社編集部までお送りください。送料弊社負担にてお取替えいたします。

ISBN978-4-8026-1418-4　